抉擇的智慧

扭轉人生的52篇心靈故事

蘇拾瑩 著

〈推薦序〉

箴言與譬喻

張○萱

　　一則真實的故事，幾行作者的分享，一、二段摘自《聖經》的話語，構成一篇篇雋永的短文。讀來沒有一絲壓力，被感動的思緒卻久久迴盪在你的心裡。

　　蘇拾瑩姐妹與我在同一間教會做禮拜，教會每個禮拜的週報都會刊登她的一篇短文，是她為提昇大家的心靈而寫的故事，雖然篇篇發人深省又撼動你心，她卻調侃自己有如唐吉軻德般的傻子，在這既世俗又現實的社會，掏心掏肺與你真誠相見。

　　其實，現代人從各式各樣的途徑吸收到的知識，已經足夠有餘，真正欠缺的只是心靈上的一盞明燈、面臨抉擇時的一點智慧。《聖經》說：「敬畏耶和華是知識的開端，愚妄人藐視智慧和訓誨。」（〈箴言〉一章七節）這本短文集，讓你從一篇篇真實的故事，體驗《聖經》中夠你受用終身的智慧之語。

　　　　　　　　（本文作者為安侯建業會計師事務所首任主席）

〈自序〉

避難所

　　當我為生活奔波勞碌，覺得無力感的時候，總想找個避難所靜一靜；當我遭受打擊屈辱，窮於應付，辯不勝辯，心情紛亂挫折到極點時，總想找個避難所躲一躲；當我遭受誤解扭曲，譏諷訕笑，又孤軍奮戰，心情沮喪寂寞到谷底時，也想找個避難所哭一哭。

　　但是，天地之大，何處容身？避難所又在哪裡？

　　在國外待久了，思想變得簡單起來，凡事不疑有他，先假定對方是好人，遇到需要幫助或求援的眼神，總不假思索，一腔熱忱地直接出手相助，然後盡情享受「施比受更為有福」的快樂。

　　但是在台灣可不行。詐騙橫行，誠信被當成傻瓜。凡事須先保留，先假設對方不是好人；人人習慣於提高警覺及自我保護。熱心熱情助人，總被懷疑成居心叵測，動機不純；真是辯不勝辯！如果看到路旁有人因車禍不醒人事，絕不能直接送醫急救，一定要先尋妥目擊證人，才敢放手救人，否則極可能被認為是肇事者，無端惹禍上身。

　　篤信「助人為快樂之本」，又個性熱情如我者，老是碰到這種有理說不清、好心沒人相信的情況，那時，為是想

4

躲進避難所裡，躲掉一切烏龍。

就像不久前，我因協助一位屢次自殺的朋友，不慎吃上官司，一審被冤屈地判了四十五天的徒刑。當然還可以上訴搏取最後的清白，但我積聚滿腔熱情，構思著：「放棄上訴，去坐監四十五天，寫一本女監四十五日記，以我曾經獲得暢銷書排行榜第一名的能力，來作公益，稿酬捐贈給自殺防治基金會，目標一百萬元。」我滿心希望有機會能學耶穌基督的樣式，犧牲自己，照亮別人。

但是我這番出發點本於百分之百善意的構想，卻遭到周圍朋友的反對與訕笑，甚至有些懷疑起我是否智商低落。我當然知道朋友是為我好，不忍我受苦，但是有志未伸，也讓我嘗到了知音難覓的落寞。

幾位老友一致的看法也讓我吃驚：「這年頭沒有人能理解你的善意，到時候又是一陣曲解、抹黑。你何苦來哉？」

這正是大家對這世代的認知，人與人之間沒有互信，缺乏善解，人人如此，形成共同的磁場，身處磁場中渺小的個人，能不凡事提高警覺，時刻自我保護嗎？我看到了大家的無奈。

接連的受傷，幾番的挫折，止不住的無奈。我切切尋求避難所。

感恩的是，我找到了！對我而言，避難所就在《聖經》裡。

每當疲倦灰心，翻開《聖經》，讀到「他們經過『流淚谷』，叫這谷變爲泉源之地；並有秋雨之福蓋滿了全谷。」（〈詩篇〉84：6）、或「一宿雖然有哭泣，早晨便必歡呼。」（〈詩篇〉 30：5），多麼鼓舞！於是我叫自己五分鐘之內喜樂起來。因爲，喜樂是上主對基督徒的誡命。

每當覺得孤單寂寞，也跑去讀經，讀到「我是好牧人；我認識我的羊，我的羊也認識我。」（〈約翰福音〉10：14），多麼安慰與貼心！上主知道我的委屈，祂都知道！於是我叫自己五秒鐘之內把一切憂慮卸給上主，不是一半的憂慮，是一切的憂慮！反正再多祂都接得住！

一口氣帶了兩個英文查經班，一個在長老教會三一教會，一個在浸信會我們教會，一個星期有兩個晚上要去上課。平時還要編講義，出課題，寫故事，做文字事工。花的時間已經是從事一個專職的工作了，而且沒有酬勞。

有不解的朋友爲我這樣免費付出覺得疼惜，但我心中卻是雪亮的：因爲平日我到健身中心去運動放鬆，那可是要付費的；現在我到《聖經》的避難所去釋放休息，即便是付費我尚且願意，何況是不用付費呢！我可以徜徉在《聖經》中喜樂自得，在避難所中遠離一切風暴，盡得主恩

澆灌。有什麼比這個更好呢？

　　問我說什麼是最具智慧的抉擇？那就是選擇了《聖經》這個避難所。這裡擁有的無憂與喜樂，小偷偷不走，強盜搶不去；這裡提供的平安與保護，世俗的刀劍莫來，閒言、閒語、閒人，免進！

　　更重要的是，從避難所出來，我，又是一尾活龍！

録

第二部 有智慧的信仰

第一部

智慧人生

1
現代孝子

　　小趙和哥哥們均已步入中年，父母也屆高齡。惟恐父母時日無多，小趙經常邀約哥哥們帶著妻小探訪父母，舉辦全家族的聚會，三代同堂，讓爺爺奶奶享受天倫。

　　爺爺奶奶共有七個孫子女，好幾個已大學畢業，有的出國深造，有的已經在國內拿到碩士學位。

　　小趙的兒子只有大學畢業，並未如堂哥、堂姐們選擇出國深造或在國內念研究所，只在本地找了一份待遇平平的工作。但是兒子很喜歡這份工作，每天上班上得十分起勁。

　　小趙大哥的孩子十分優秀，大學畢業後出國念書，順利取得企管碩士之後，回國就在科學園區找到了一份很不錯的職業，屬於科技新貴，薪水是小趙兒子的三倍。

　　小趙二哥的孩子更是不得了，中學就赴美國念書，一口氣讀到研究所，取得碩士學位後，先在美國一家銀行擔任理財專員，最近更跳槽到新加坡一家金融機構當投資顧問，待遇非常之高，算算有小趙兒子薪水的六倍之多。

每次兄弟妯娌間聊天，聊到孩子，小趙的太太總會羨慕地說：「你們家孩子都那麼棒，我家兒子賺錢賺得最少，是最差勁的！」

　　聖誕假期的家族聚會十分熱鬧，因為在國外的孫子們都回來了。為了遷就國外回來的孫兒們的時間，爺爺奶奶決定到城中的大飯店聚會，吃自助餐。

　　小趙大哥的兒子是人人羨慕的科技新貴，是年輕女孩們嚮往的好對象，假期時約會排得滿滿的。因此每次家族聚餐，他總是遲到早退。

　　那天，科技新貴也是匆匆趕來，自顧自地用完餐，正要享用甜點和咖啡時，就接到手機電話，便向爺爺奶奶告假，準備提早離席。

　　大哥一見寶貝兒子要先走，就示意大嫂去幫兒子端了甜點和咖啡過來，說：「你最愛的咖啡，喝了再走吧！」

　　二哥的女兒，多金的投資顧問，前一天也剛從新加坡回來。因為平日工作壓力太大，一週假期就想賴床。為了讓女兒多睡一會兒，二哥二嫂自己先來聚餐地點，半小時後，二哥才開車回家載女兒過來。

　　投資顧問和大家打過招呼之後，就呆坐在椅子上，仍然睡眼惺忪。二哥二嫂生怕寶貝女兒餓肚子，於是殷勤地幫她拿了許多菜，一盤一盤堆在她前面，讓她慢慢享用。

最後，連甜點咖啡也為她端過來了。

　　小趙打趣地向大哥、二哥說：「現代父母真是『孝子』啊，無不努力孝敬自己的孩子！」

　　不知什麼時候，小趙桌前也擺著一杯咖啡。轉頭一看，原來是小趙的兒子悄悄地幫爸爸媽媽各端了一杯咖啡。

　　小趙悄聲地對鄰座的太太說：「我看我們家兒子才是最棒的，這年頭像我們這樣幸福的父母可不多了！」

　　這一幕，年邁的爺爺奶奶全看在眼裡。

　　沒多久，爺爺奶奶修改遺囑，遺囑中將大部分財產都留給了小趙的兒子。

　　爺爺奶奶的理由是：「第一，其他孫子都很會賺錢，不需要這筆錢；第二，這些錢是要給我兒子養老的，只有這個孫子最讓我放心，他肯定會好好奉養我的兒子。」

分　享

　　朋友！在你們家，「孝子」這個「孝」字，是當形容詞還是當動詞？

　　前者是指孝敬父母的孩子，後者卻是指父母孝敬孩子，暗諷那些讓父母寵壞了、不知孝順為何物的孩子。

　　許多現代父母望子成龍、望女成鳳，從小不遺餘力地呵護孩子長大，供給孩子一切最好的。結果孩子長大獨立之後，卻不見得在乎父母，也沒有回饋父母的孝心。

　　故事裡多金的孩子，在他們的生活中，父母總是被擺在最後的順位；反而是薪資待遇較差的孩子，能夠體貼父母，與父母的親子關係最好。

　　《聖經》裡教導我們要孝敬父母，但做父母的不要惹兒女的氣。但在現實社會裡，這句話卻被反過來行：父母孝順著孩子，孩子不惹父母的氣就不錯了。這世代，許多人都把孩子寵壞了！

　　《聖經》教導我們要照著真道來養育孩子，因為在真道的教養下，孩子必然有孝敬父母的觀念及習慣，會顧及父母的安寧，為父母帶來快樂。

　　《聖經》還說：疼愛孩子的父母必要管教孩子。若不從小好好將真道教給孩子，長大不但害了孩子，將來也是父母的損失。

　　家有孝順的孩子，父母是最幸福不過的了。哪怕這孩子賺的錢沒有別人多。

　　最令人羨慕的家庭是父慈、子孝、兄友、弟恭的幸福家

庭，因為賺再多錢，也買不到這種幸福！

　　如果讓你選擇，你希望有個很會賺錢的孩子，還是有個貼心孝順的孩子？

　　「要孝敬父母，使你得福，在世長壽。」這是第一條帶應許的誡命。你們作父親的，不要惹兒女的氣，只要照著主的教訓和警戒養育他們。

　　　　　　　　　　　　——〈以弗所書〉六章二～四節

　　Honor your father and mother," which is the first commandment with promise: "that it may be well with you and you may live long on the earth." And you, fathers, do not provoke your children to wrath, but bring them up in the training and admonition of the Lord.

　　　　　　　　　　　　　　——Ephesians 6：2-4

　　管教你的兒子，他就使你得安息，也必使你心裡喜樂。

　　　　　　　　　　　　——〈箴言〉二十九章十七節

　　Discipline your son, and he will give you peace; he will bring delight to your soul.

　　　　　　　　　　　　　　——Proverbs 29:17

> 　　不忍用杖打兒子的，是恨惡他；疼愛兒子的，隨時管教。
>
> ──〈箴言〉十三章二十四節
>
> He who spares the rod hates his son,??but he who loves him is careful to discipline him.
>
> ──Proverbs 13：24

討論：

1. 賺錢或孝順，你希望你的孩子屬於哪一種？
2. 分享你與父母的親子關係；或，分享你與孩子的親子關係。
3. 你認為父母與成年子女該如何處理錢財關係？

2
奶奶與外婆

　　奶奶和外婆都八十幾歲了，兩人都是寡居的知識份子，但兩人的生活與生命卻大不相同。

　　奶奶教了一輩子的書，從公立中學退休後，領有退休俸。爺爺五年前去世，奶奶仍住老家，由兒孫們輪流回去看望她，並請了一個外傭照顧她、陪她。

　　外婆是牧師的媳婦，一直在教會服事，是聖歌隊的指揮。外公早逝，外婆住在教會附近，也是由兒孫們輪流回去看望她。兩年前，兒孫們要為她請外傭，照料她的飲食起居，可是外婆堅持不肯，執意與教會幾位獨居老人一起搬進老人公寓。

　　昔日教書的奶奶，仍有「養兒防老」、「重男輕女」等觀念，時常抱怨兒子們把她丟給外傭照顧，很「不孝」！更因此怪罪媳婦們。但是離婚而恢復單身的女兒，奶奶卻不願讓她回家住，認為嫁出去的女兒回娘家住是很丟臉的事。雖然女兒是因為受到丈夫家暴而離婚，但是心疼的奶奶卻礙於面子問題，不願讓女兒回娘家一起住。

　　爺爺過世後，奶奶很沒有安全感，小心翼翼地抱著她的退休俸。但畢竟年紀大了，記憶力退化，常忘記錢擱哪去了，經常懷疑有家賊。兒子們最常接到的電話，就是奶奶找不到錢來呼救：「快來呀！兒子！外傭又偷我的錢。」

　　但每次都是奶奶自己藏忘了，找出來後，又覺得勞師動眾不好意思。同樣的戲碼經常重演，也因此換了好幾個外傭。

　　奶奶沒什麼朋友，日子就在數算兒子、媳婦、女兒、外傭的不是中度過。每次子孫輩去看望她，都要接受她的疲勞轟炸，久而久之，大家不約而同地減少看望她的次數。奶奶更加孤單寂寞、鬱鬱寡歡了。

　　住老人公寓的外婆卻大大相反。外婆的日子忙得很，每天節目排得滿滿的，生活充實。她和那些老人朋友互相為伴：星期一爬山，星期二查經，星期三讀書會，星期四禱告會，星期五詩歌練唱，星期六購物，星期天上教堂。

　　外婆生活得快樂又獨立，並不常麻煩兒孫，反而是兒孫們喜歡找她。而且兒孫們怕外人誤會他們棄養老母，探望得格外殷勤，每天必定電話問候，提醒母親萬一臨時有什麼需要，他們隨傳隨到。

　　後來，星期六變成外婆和兒孫們固定約會的日子。星期六中午就可以看到一大夥家人一起上館子聚餐，或是陪

外婆外出購物，其樂融融。

奶奶與外婆，孤單與幸福，不同的觀念，不同的生活。

分　享

朋友！不同的觀念，造成不同的行為模式；不同的行為模式，形成不同的生活型態。你要選擇哪一種？

你的老年歲月將是孤單或合群？寂寞或歡樂？你的生活型態要由自己選擇，還是由傳統擺佈？

我們的社會經常看到像故事裡奶奶那樣的老人，他們受傳統觀念束縛，跟不上環境變化，無法為自己創造真正的快樂。

一般傳統觀念總以為子女奉養年邁的父母，就必須同住一起，否則就是「棄養」；但隨著社會變遷，許多老人公寓興起，生活環境良好，機能豐富；最主要，能與同年齡朋友相互為伴，沒有代溝；這樣的安排不見得比與子女同住來得差。

但要能享受老來群居的優點，卻要先克服心理上的障礙，在觀念上有所突破。並且建立和群的習慣與性格。

其實，人的任何一項行為模式，都有其形成的背景。例如

比較自我的人不善於與人溝通，比較缺乏自信的人懷疑心較重，缺乏安全感的人容易對金錢斤斤計較。

這些行為模式當遇上老年因素，如體力、記憶力衰退或失智，就會產生另一種變化，形成不同的生活型態。

良性的生活型態，自己快樂，家人安心；不良的生活型態，自己愁煩，家人困擾。

例如不善與人溝通就容易形成老人整天足不出戶，日久即無法自由行動；懷疑心重就造成老人成天疑神疑鬼，責怪東怨西嘆，與人難以親近；缺乏安全感就使得老人到處藏錢，甚至隨便懷疑別人偷他錢。這些，都造成老年安養上的障礙。

唯有從年輕的時候就建立正確的人生觀與健康的行為模式，才能應付老年生理的變化。因為觀念的突破與習慣的建立，必須經年累月，無法一蹴可及，必須從年輕的時候就預備，否則老了才警覺，已來不及了。

檢視自我的行為模式，你也可以算出你老年歲月的光景。

不要效法這個世界，只要心意更新而變化，叫你們察驗何爲上帝的善良、純全、可喜悦的旨意。

——〈羅馬書〉十二章二節

Do not conform any longer to the pattern of this world, but be transformed by the renewing of your mind. Then you will be able to test and approve what God's will is—his good, pleasing and perfect will.

——Romans 12：2

敬畏耶和華是智慧的開端；認識至聖者便是聰明。你藉著我，日子必增多，年歲也必加添。

——〈箴言〉九章十、十一節

The fear of the LORD is the beginning of wisdom, and knowledge of the Holy One is understanding. For through me your days will be many, and years will be added to your life.

——Proverbs 9：10-11

討論：

1. 奶奶與外婆的生活方式，若是你，要選擇哪一種？

2. 你對上一代的老年安養如何安排？自己的將來呢，希望如何安排？

3. 試自省，你的觀念是否跟得上時代的變遷？

3
婆婆與媳婦

　　很久以前，有一對婆媳住在一起，但她們相處得很不愉快，日子過得劍拔弩張，夾在中間的丈夫也苦不堪言。最讓媳婦受不了的，是婆婆講話尖酸刻薄，每句話似乎都帶著刺，深深刺傷媳婦的感情，讓媳婦忍無可忍。

　　有一天，忍不下去的媳婦終於跑去找娘家父親的一位中醫朋友，向他大吐苦水，並要求大夫幫她想想辦法。

　　她要求大夫說：「拜託您幫我配點有毒的草藥，讓我婆婆吃了能夠失去聲音，最好變成啞巴，再也無法說那些傷人的話。」

　　大夫聽了她的苦情，答應了她，幫她仔細挑選了一大包草藥。並鄭重地告訴她說：「我給妳兩帖藥，一帖是毒藥，給妳婆婆服用，讓毒慢慢發作；一帖是看不見的心藥，給妳用的，免得妳事跡敗露。」

　　「給妳婆婆服用的這帖草藥的毒是慢性的，免得一次見效會啟人疑竇。妳千萬不要吭氣，每天煮些妳婆婆喜歡吃的菜，偷偷放一點毒藥在裡面，半年或一年之後，她就會

變啞巴了。」

　　大夫叮嚀她：「給妳的心藥是要妳記住：妳婆婆罵妳時，千萬別回嘴，她指使妳做什麼，妳就去做，免得她發現妳心懷不軌；而且要逢人就稱讚妳婆婆，免得人家發現妳的毒計。更要小心別讓妳丈夫起疑心，在妳丈夫面前，妳要裝出誠心誠意的樣子，稱讚婆婆。否則毒計被發現，妳就完了！」

　　這名媳婦回家後，戰戰兢兢地照著大夫的話去做。

　　「您真是一個好婆婆！您喜歡吃什麼菜？讓我做給您吃！」媳婦每天練習對婆婆這樣說，問明婆婆喜愛的美味，並偷偷把毒藥摻在佳餚中。

　　為了避免婆婆起疑，媳婦必須每天在婆婆身上找出優點來稱讚，才不到幾星期，她發現婆婆其實優點也滿多的；而且每天詢問婆婆喜歡吃什麼，也逐漸讓她了解婆婆的喜好，討婆婆歡喜不再那麼困難。

　　婆婆起初的確有些錯愕，但誰不喜歡聽稱讚呢？婆婆被媳婦誇得笑顏逐開，天天心情大好。而且婆婆發現媳婦總是罵不還口，一句話都不吭地默默承受，顯得自己實在太刻薄，於是也就不再罵媳婦了。反而因為媳婦天天煮她喜愛的美食孝敬她，也開始逢人就誇獎起媳婦來。

　　互相誇獎的兩個人，怎麼可能相處得不好呢？媳婦不

但覺得婆婆變好了，聽到婆婆誇獎她，也十分開心，孝敬婆婆也愈來愈自然。

有一天，媳婦又到中醫師那裡去，央求大夫說：「拜託您快幫我開些解藥吧！將原來那帖給我婆婆服用的藥解毒呀！我的婆婆變好了，而且常誇我是好媳婦，所以千萬別讓她成為啞巴啊！」

大夫聽了，笑笑說：「放心吧！那帖開給妳婆婆服用的草藥只是去肝火增元氣的補藥，沒有毒，只會讓她身體更硬朗。那帖給妳的心藥看來很管用哦！瞧，才沒多久，妳就已經把婆婆的毒舌病都去除掉了！」

分　享

朋友！瓦解別人的敵意，最快速有效的方法莫過於稱讚他。故事中的媳婦正是使用這個方法，化解掉婆婆的「毒舌」。

「稱讚」這帖藥要發揮效果，一定要伴隨著「誠懇」的表情，而且必須持之以恆，否則一副言不由衷的樣子，或一兩次就無以為繼，反而容易被看破手腳，產生反效果。

　　要做到持之以恆地用誠懇的表情去稱讚原本討厭的人，就必須先去了解對方的優點。既能發掘出對方的優點，那人也就不再像以前令人討厭，或令人難以接受了。從接受、到喜歡、甚至彼此相愛，其中距離便不再遙遠。

　　苦毒的言語，會帶來惡性循環，導致彼此厭惡、憎恨，甚至引起殺機；稱讚、誇獎的言語，卻會帶來良性循環，促成彼此和樂，甚至相愛的圓滿結局。面對惡意苦毒，我們若能主動發出善意給予稱讚、誇獎，極可能就此化解掉一場不必要的災禍。

　　遇到惡待我們的人，上帝訂下誡命：不可自己伸冤，更不能報復(〈羅馬書〉12：19)，不准「以惡報惡」(〈帖撒羅尼迦前書〉5：15)；相反的，還必須：「為詛咒你們的人祝福，為侮辱你們的人禱告。」(〈路加福音〉6：28)

　　依照人的本性，這樣的誡命實在很難做到。但上帝給了我們一個武器：禱告。藉著禱告，上帝幫助我們做到。

　　因為愛可愛的人不稀奇，愛不可愛的人才能得上帝的獎賞。

回答柔和，使怒消退；言語暴戾，觸動怒氣。

——〈箴言〉十五章一節

A gentle answer turns away wrath, but a harsh word stirs up anger.

——Proverbs15：1

污穢的言語一句不可出口，只要隨事說造就人的好話，叫聽見的人得益處。

——〈以弗所書〉四章二十九節

Do not let any unwholesome talk come out of your mouths, but only what is helpful for building others up according to their needs, that it may benefit those who listen.

——Ephesians 4：29

要愛你們的仇敵，善待恨惡你們的；為詛咒你們的人祝福，為侮辱你們的人禱告。

——〈路加福音〉六章二十七、二十八節

Love your enemies, do good to those who hate you, bless those who curse you, pray for those who mistreat you.

——Luke 6：27-28

討論：

1. 試分析「毒舌」的惡與其惡果。

2. 你是否懂得稱讚別人？如何區別稱讚與諂媚？

3. 如何為詛咒你的人祝福？請舉幾則禱告辭為例來說明。

4
撿舊貨的人生

老陳七十幾歲了，仍然每天到垃圾場去撿回收的紙片或塑膠罐，拿到市政府資源回收站去賣錢。

有一天，老陳和另一位收舊貨的阿珠發生了爭執。老陳對阿珠興師問罪，「那一堆紙箱和紙盒是我昨天放在這裡的，準備今天拿去回收站換錢。誰知道，你竟然把它們偷走了。」

阿珠有個小兒痲痺的女兒，和阿珠相依為命，母女居住在公園邊的違建屋中，生活全靠阿珠收舊貨維生。

阿珠和老陳吵了半天，拗不過他，只好掏出五十元賠給老陳。

老陳的兒女都長大了，各自成家立業。大兒子是個建築商，老陳和老伴住的公寓就是他蓋的，一住住了十多年。老陳每天出去撿破爛，老伴身體差，深居簡出，兩人沒什麼朋友，每天守著電視機，孤孤單單過著日子。

兒女原本也常回家探望雙親，但看到父母住的公寓裡每個房間都堆滿了從各處收來的破爛，有舊地毯、電腦、

檯燈、鐵罐、桌椅等等，甚至傳出陣陣噁心的臭味，漸漸都不願意回來了。

大兒子有次和老陳爭論：「爸，這地段的房價這麼貴，你卻拿來堆放你收來的舊貨？太浪費了吧。快把這些破爛丟了吧！」

兒子好歹是公司老闆，卻常接觸鄰居異樣的眼光，以為老陳這麼大年紀還要出外奔波收舊貨，肯定是兒女沒有奉養父母。兒子對此抱怨不已。

兒子的抱怨令老陳勃然大怒，父子倆大吵了一頓，老陳便把大兒子轟了出去。

老陳隨即寫信給在美國當教授的二兒子，說是沒錢給母親看病，要二兒子快點匯錢回家。

二兒子不但馬上匯了一筆為數不少的錢給父親，也趕緊請假跑回來探看父母。回國後，並立刻跑去質問大哥，責怪大哥大嫂如此不孝，差點變成兄弟鬩牆。等二兒子明白了父親和哥哥之間的爭執所在，他便藉著假期結束的名義，回美國去了。

鄰居們看到老陳日益佝僂，吃力地推著他那台收舊貨小推車的背影，實在不忍，勸他把一些工作讓給阿珠做，說：「阿珠要養殘障的小孩，需要這份工，您就少做點，讓她多賺點錢吧！」

誰知老陳一臉兇相地回應：「她需要錢，我難道就不需要嗎？」

老陳的身影更加孤單寂寞了，鄰居和阿珠也不再理睬他了。

不久，老陳得了癌症，死了。兒子在收拾房間的時候，發現父親有三、四十張定存單，散放在櫥櫃各角落，加起來有一千萬元之多。有些定存單皺皺地藏在櫥櫃一隅，被其他衣物掩蓋，可能連老陳自己都忘記了。

老陳的太太說，老陳節儉成性，每天菜錢只有五十元，但總是向兒子們叫窮，收取生活費，存下來就一筆一筆拿到銀行放定存。那些定存單，就和他收集來的整屋破爛一樣，偶爾想到時，就拿出來瞧一瞧，成為他生活中唯一的樂趣。

撿舊貨，似乎是老陳的宿命，也是他選擇的人生。

分 享

　　朋友！眼中只盯著錢的人生是可悲的，充其量也只是撿舊貨的人生。

　　節儉，是美德；過度節儉，卻是吝嗇。

　　亂花錢，是浪費；不懂得花錢，卻是貧窮。

　　故事裡的老陳一味地存錢，不是因為他懂得節儉，是因為他不懂得花錢。即使擁有千萬財富，也不曉得如何花用。這樣的人生其實很貧乏。

　　撿舊貨這樣的職業無關好壞；但是有錢人老陳和貧戶阿珠斤斤計較，爭食地盤，卻讓人無法苟同。缺乏愛心，無論從事何種職業，也得不到尊敬。

　　老陳對兒子們不斷需索用不到的金錢，其實也暴露了他的缺乏安全感。把錢看得太重，心靈必然空虛貧窮。那麼即使有上千萬的錢財，已達富有的標準，卻仍然是最貧窮的富人。

　　金錢，擁有多或擁有少，影響不了你生命的深度。但是會用或不會用，卻決定了你的生活品質，也決定了你的人生價值。

你們要變賣所有的賙濟人，爲自己預備永不壞的錢囊，用不盡的財寶在天上，就是賊不能近、蟲不能蛀的地方。

——〈路加福音〉十二章三十三節

Sell your possessions and give to the poor. Provide purses for yourselves that will not wear out, a treasure in heaven that will not be exhausted, where no thief comes near and no moth destroys.

——Luke 12：33

不要爲自己積攢財寶在地上；地上有蟲子咬，能銹壞，也有賊挖窟窿來偷。只要積儹財寶在天上；天上沒有蟲子咬，不能銹壞，也沒有賊挖窟窿來偷。因爲你的財寶在哪裡，你的心也在那裡。

——〈馬太福音〉六章十九～二十一節

Do not store up for yourselves treasures on earth, where moth and rust destroy, and where thieves break in and steal. But store up for yourselves treasures in heaven, where moth and rust do not destroy, and where thieves do not break in and steal. For where your treasure is, there your heart will be also.

——Mathew 6：19-21

你們要變賣所有的賙濟人，為自己預備永不壞的錢囊，用不盡的財寶在天上，就是賊不能近、蟲不能蛀的地方。

——〈路加福音〉十二章三十三節

Sell your possessions and give to the poor. Provide purses for yourselves that will not wear out, a treasure in heaven that will not be exhausted, where no thief comes near and no moth destroys.

——Luke 12：33

有施散的，卻更增添；有吝惜過度的，反致窮乏。

——〈箴言〉十一章廿四節

One man gives freely, yet gains even more; another withholds unduly, but comes to poverty.

——Proverbs 11：24

討論：

1. 過度節儉的人通常會有什麼人格特質？這樣的人生價值如何？

2. 有智慧的花錢原則應該是如何？

3. 請分享你對儲蓄的觀點。

5

搬 家

　　台灣著名的安侯建業會計師事務所（KPMG），在二○
○六年底搬進全台灣最高的建築物台北101大樓，成為全台
「最高」的會計師事務所。它搬家的過程發生了一些趣事，
至今仍在圈內津津樂道。

　　KPMG有九十餘位聯合執業會計師，一千八百多名員
工。因為陸陸續續擴充，台北總所在民生東路的辦公室必
須分散在幾個不集中的樓層，對員工及事務所整體的運
作，實在不方便。為了給員工更好的工作環境，讓事務所
成為一個員工最佳選擇的雇主——即所謂Employer of Choice
（EOC）的策略目標，安侯事務所主席張五益有了搬家的打
算。

　　搬家的構想一提出，台北101大樓立刻將KPMG鎖定為
爭取的目標。因為如果能爭取到KPMG進駐，馬上可以達到
出租率超過百分之五十的業績目標，也可以立刻提升台北
101大樓的熱絡氣勢。

　　不過對事務所內部而言，搬家的構想卻面臨重重困

難。首先，事務所九十幾個執業會計師及一千兩三百名員工一聽到要搬進台北 101大樓，立刻聯想到紐約世貿大樓的九一一事件，十分疑慮；同時不斷提出諸如地震時該怎麼辦等質疑。再加上會計師這一行，牽一髮動全身，尤其KPMG台灣所的客戶遍佈全球一百六十幾的國家，要全部妥善通知，並不容易。單是自己一千八百多名員工，要順利完成搬遷，就是不小的工程。一切跡象顯示，遷入台北 101大樓似乎是不可能的事。

張五益面臨了抉擇的難題。

就經營決策的角度來看，若能進駐台北 101大樓，對KPMG來說絕對會是很大的加分，尤其當時KPMG正處於紛擾中的低潮期，此舉可以提振整體氣勢，激勵員工士氣，還可以提升事務所在國內及國際的形象。再怎麼考慮，都是明智的選擇！但是內部反對的聲浪又大到不能忽視。

張五益於是一個個仔細分析反對聲浪的諸多理由，發現其實以情緒性理由居多，很多理由並非不能克服。幾經思量，他認為不應該被這些反對意見絆住，影響事務所的前途，於是很技巧地將反對聲浪轉化成與台北 101大樓討價還價的籌碼。

他很誠懇地告訴對方：「我很想遷入台北 101大樓，無奈內部的反對聲浪實在太大，決策者不能違逆多數意見，

強行決定。」

　　爲了怕錯失了KPMG這個可能的大租戶，台北 101大樓董事長陳敏薰及總經理林鴻明展現了最大的誠意，以最優惠的租賃條件提供KPMG考慮，並協助KPMG進行內部說服與溝通。

　　經過一連串的努力與有效的溝通協調，優惠的租賃條件也贏得了內部的共識，KPMG終於宣布決定搬家，進駐台北101大樓第六二、六三、六四、六五、六七、六八等六個樓層，辦公室面積達四千兩百坪。此項消息震動業界，都稱張五益大手筆，有魄力。國內幾大會計師事務所也稱讚說：「我們眞不敢想搬家的事，但居然給他辦到了！」

　　然而這麼大的公司要搬家，也不容易。KPMG評估，如果因喬遷之故休業，公司一天的損失就相當可觀。這也是當初提出搬家構想時，遭到員工反對的諸多原因之一。

　　於是張五益決定：搬家，但不休業。

　　但一千八百名員工的公司搬家，要不影響與客戶的作業聯繫，實在不容易。但是KPMG也辦到了：所有員工在星期五下班後將文件物品裝箱打包，在星期一一早就可直接到台北 101大樓大樓新辦公室上班，完全不影響業務進行。

　　原來，新辦公室的裝潢及家具全部採用新的，並不需移動舊辦公室的家具設備。管理部事先就規劃好每位員工

的置物櫃與座位空間，並發給每個員工五至八個紙箱子，讓員工趁星期五下班後將文件物品裝箱，搬家公司趁星期六、日搬遷，星期一上班時，這些箱子都已在新辦公室了。

KPMG順利地於二○○六年底進駐台北101大樓新辦公室。新辦公室採取現代E化系統設備，不但增加員工作業效率，也提升公司形象，成為國內員工最佳選擇（EOC）的公司。搬家成功，為KPMG打造了一個新的里程碑。

張五益為基督教徒，為教會的長老。問他成功的祕訣是什麼？他不假思索地說：「打高爾夫球！」看到聽者茫然的表情，狐疑著成功和打高爾夫球有什麼關係時，他幽默地重覆而慢慢地說出「打高爾夫球」的諧音：「禱－告－呼－求！」

雖然，張五益的高爾夫球技為業界有名，還曾創下一桿進洞的優異紀錄。但是在他的信念裡：凡事謀事在人，成事在天。遇到事業瓶頸，最重要的力量還是來自於向上帝虔誠的禱告與呼求。

分　享

朋友！有時看似障礙的因素，往往成為推波助瀾的功臣。冷靜接納批評與反對的意見，化危機為轉機，往往能造成意想不到的效果，轉化成為更上層樓的動力。

就像安侯會計師事務所，反對搬家的意見形成沉重的壓力，但也就是因為這些反對的壓力，促使台北101大樓的房東願意降價讓租，也使得公司內部終於產生共識，完成搬家壯舉。更因此激發了搬家作業細節的縝密思考，創下了搬家不休業的高效率典範。

阻力，往往在冷靜接納之後減弱，然後在溝通協調之後化解，更經常因此變成難得的助力。

近代企業管理界耳熟能詳的理論是：鼓勵員工做老鷹，不要做鴨子。因為面對問題時，鴨子只會聒聒叫，四處抱怨並渲染眼前的困難，卻提不出解決之道。唯有老鷹，才能銳利思考，真正拿出辦法解決困難。

就像安侯會計師事務所搬家，若老是著眼於種種困難與理由，並不能解決問題。唯有著手分析並詳細規劃，仔細溝通並遊說協調，才能成功解決問題，並有魄力地開創新局。

真正具有智慧的老鷹，懂得巧妙地運用看似不利的因素，

形成有利的局勢，讓問題迎刃而解；他們懂得藉溝通與協調，創造和睦與共識，將劣勢轉變為優勢。智慧的領導人也是如此，具有冷靜接納反對意見的雅量，並懂得巧妙地運用反對的意見，形成有力的籌碼，將絆腳石變成墊腳石，更上層樓。

智慧的領導人，懂得向上天借力量。在面臨問題與困難時，以禱告與呼求讓上帝帶引，這才是真正智慧的祕訣。〈箴言〉二章七節：「祂給正直人存留真智慧，給行為純正的人作盾牌，」

使人和睦的人有福了！因為他們必稱為上帝的兒子。
——〈馬太福音〉五章九節

Blessed are the peacemakers, for they will be called sons of God.
——Mathew 5：9

人所行的，若蒙耶和華喜悅，耶和華也使他的仇敵與他和好。
——〈箴言〉十六章七節

When a man's ways are pleasing to the Lord, he makes even his enemies live at peace with him.
——Proverbs 16：7

策劃在人；但上主導引你的腳步。

——〈箴言〉十六章九節

In his heart a man plans his course, but the Lord determines his steps.

——Proverbs 16：9

討論：

1. 你是否曾經歷由阻力轉變為助力的例子？請分享其中的轉變過程。

2. 你在職場上，經常扮演的角色是鴨子或老鷹？試分析這個角色為你帶來的利弊得失。

3. 你是否有冷靜接納反對意見的雅量？可以如何提升這種肚量呢？

旅館大亨與華道夫大飯店

　　紐約曼哈頓著名的華道夫大飯店，是一間歷史悠久又非常高級且奢華的旅館，成立於一八九三年。這座豪華飯店甚至在紐約的中央火車站擁有專屬月台，以便接駁貴賓。

　　許多名流政要訪問紐約時，都曾下榻於華道夫大飯店，包括清朝的李鴻章，到現代的胡錦濤、溫家寶、陳水扁、吳淑珍。其中，羅斯福及麥克阿瑟，還曾用過旅館專屬的月台。

　　這座著名的頂級大飯店當初是威廉・華道夫・阿斯特（William Waldorf Astor）創立的，他聘請的第一位經理人是喬治・波特（George Boldt）。波特不但為華道夫大飯店墊定了世紀的地位，自己後來也成為赫赫有名的旅館大亨，甚至擁有賓州的史丹佛連鎖大飯店，演變為之後的凱悅飯店；他也蓋了一座波特城堡，同時擔任康乃爾大學的信託人。

　　波特最著名的事蹟之一是他首創華道夫飯店的沙拉，

以及千島醬，成為後人津津樂道的佳話。

華道夫大飯店的牆上掛了它為人稱道的座右銘：「困難的事，我們立刻辦到；不可能的事，我們多花幾分鐘就辦到。」這句長久以來為華道夫飯店員工所奉行的座右銘，正是波特所強調的服務精神。

波特原本是在一家旅館當服務員，結識華道夫‧阿斯特之後，改變了他一生的命運。而他們的結緣，是一個膾炙人口的故事。

一個陰濕寒冷的夜晚，阿斯特夫婦到一家旅館投宿。

櫃檯服務員查看了一下，很抱歉地對他們說：「對不起！房間都客滿了，沒有空房了。」

因為時間已晚，外面又刮風下雨，如果要將客人轉介到另一家旅館，勢必要再耽擱許多時間，並讓客人折騰半天才能歇息。

於是這名櫃檯服務員說：「如果你們不嫌棄，倒是可以先到我的宿舍住下。我的宿舍也在這棟旅館裡，但不是旅館的豪華套房，不過也還滿舒適的。反正我要值班，我可以在辦公室裡休息就好。」

阿斯特夫婦接受了這名年輕服務員的好意，一再致謝。隔天醒來，風息了，雨停了，阿斯特前往櫃檯，還是昨晚的這位年輕服務員當班，於是阿斯特請他幫忙結帳。

這名服務員說：「我們不能收您的錢，因為您們住的這房間是我的宿舍，不是飯店的客房，所以不用付錢。」

阿斯特很感謝並稱讚這名服務員，說：「你這樣又貼心又忠心的員工真是難得，是每個老闆都想找的經理人！哪一天，也許我也來蓋棟旅館，那時一定要請你這樣的員工來管理，一定會成功！」

幾年之後，阿斯特果然在紐約興建一棟旅館，邀請當年的年輕服務員到紐約一遊。年輕服務員很高興地前往曼哈頓和阿斯特碰面。

阿斯特指指一棟新蓋好的豪華建築物說：「我說過，想蓋個旅館請你來經營，這棟建築就是！」

服務員大吃一驚，幾乎不敢相信眼前的一切。他小聲地問：「您真的選我嗎？為什麼找我呢？」

阿斯特回答說：「你的服務態度是每一位老闆都想要找的員工，而我正需要有一位像你這樣的人來幫我經營旅館啊！」

這名年輕服務員正是後來鼎鼎大名的喬治‧波特。他的服務熱忱讓他抓住了與阿斯特結識的機緣，也改變了他一生的命運。

分 享

朋友！如果當時在櫃檯當班的是你，你會怎麼做呢？你會有這種熱忱嗎？你願意犧牲一下自己，為陌生人免費提供這樣的服務嗎？

故事裡年輕服務員的服務熱忱感動了陌生人，也抓住了這段難得的機緣。

其實人生處處是機緣，就看是否遇到有緣人！

機緣常常是悄悄地來臨，輕輕地溜走。有幸抓住機緣，就能將看似微不足道的小事，催化成影響深遠的大事。

抓住機緣並不容易。準備好不一定抓得住，但沒準備卻一定抓不住。

有熱忱的服務員不一定引起大老闆的重視，但沒有熱忱的服務員卻絕不會引起大老闆的重視。

有經驗的老闆都知道：成功往往取決於人的熱忱，而非取決人的才能。因此，物色具有高度服務熱忱的員工，成為每個大老闆的習慣與本能。就像故事裡的華道夫‧阿斯特。

熱忱，就是比別人多用一點心，多做一點，多提供一點服務。用心，就會有別出心裁的創意；多服務，往往會讓被服務的人大受感動。

　　熱忱，也會讓一個人充滿活力，讓一個人在工作時充滿快樂，這種快樂也很容易感染周邊的人，共同享受這種快樂。

　　要想成為抓得住機緣的有緣人，先訓練自己的熱忱吧！透過每天不停的自我練習，讓熱忱變成牢固的習慣，變成下意識的行為，變成第二天性！

　　熱忱容易抓得住機緣，讓你成為令人羨慕的有緣人。

　　不可忘記用愛心接待客旅；因為曾有接待客旅的，不知不覺就接待了天使。

　　　　　　　　　　　　——〈希伯來書〉十三章二節

　　Do not forget to entertain strangers, for by so doing some people have entertained angels without knowing it.

　　　　　　　　　　　　——Hebrew 13：2

　　在善事上，常用熱心待人原是好的。

　　　　　　　　　　　　——〈加拉太書〉四章十八節

　　But it is good to be zealous in a good thing always.

　　　　　　　　　　　　——Galatians 4：18

我又轉念：見日光之下，快跑的未必能贏；力戰的未必得勝；智慧的未必得糧食；明哲的未必得資財；靈巧的未必得喜悅。所臨到眾人的是在乎當時的機會。

——〈傳道書〉九章十一節

I have seen something else under the sun: The race is not to the swift or the battle to the strong, nor does food come to the wise or wealth to the brilliant or favor to the learned; but time and chance happen to them all.

——Ecclesiastes 9：11

討論：

1. 如果當時在櫃檯當班的是你，你會怎麼做？你有行善的熱忱嗎？

2. 你生命中曾經遇過對你影響至巨的貴人嗎？

3. 如何增加遇到貴人的機會？

7

準時的火車

　　一名業務員要搭火車到鄰鎮去拜訪客戶。他必須在十點鐘之前到達鄰鎮的火車站，才能趕得上與客戶的約。他查看火車刻表後，發現九點出發的火車恰好合適，於是買了九點的車票。

　　在月臺等車的時候，他拚命看手錶，並且不時焦躁地站起來走動，看看火車到底來了沒有。車站管理員看到他一臉的不耐煩，對他說：「安啦！我們的火車向來很準時的。」

　　果然，九點鐘，火車進站了。業務員順利地上了車。

　　火車開動了，出了城市到了鄉間，穿過一片又一片的草原。這是一部老火車，冒著煙，駛在景色如畫的綠色原野上，就像圖畫一般。

　　突然，火車停下來了，不知道什麼原因，等了三分鐘還是沒開動。

　　業務員急了，跑去駕駛艙找火車司機，緊張地問：「怎麼回事？為什麼要停？這裡又沒有車站！」

　　司機正吹著口哨在欣賞沿途的風光，指指前面遠方鐵軌，那裡正有一頭乳牛在鐵軌上。他笑著說：「別擔心！沒事的，我們只是在等牠走過去。」

　　業務員對司機說：「我待會兒在鄰鎮有個約會，我一定要在十點鐘前到達那個火車站。」

　　司機笑著安慰他說：「安啦！我們向來很準時的。您安心欣賞美麗的風景，一下就到了。反正我們又不能早到。」

　　業務員回座去，又等了三分鐘，火車還沒開動。他本想再衝到駕駛座去質問司機，但探頭向窗外看去，見乳牛已快要離開鐵軌了，才退回他的座位。

　　等到乳牛完全離開鐵軌，又是三分鐘過去。火車這才慢慢向前蠕動。

　　火車緩緩行進了半個小時，又停下來了。

　　業務員看看手錶，再十分鐘就要十點了，還沒看到鄰鎮火車站的影子，火車又停了下來，這是怎麼回事？眼看就要影響到他的約會了。

　　業務員又跑去向司機興師問罪：「怎麼啦？難道我們又碰到另一頭牛了嗎？現在停下來，誤點了怎麼辦？」

　　司機還是笑著回答他說：「安啦！我們向來很準時的。現在只是小停一下，馬上就會開動的。」

十點一到，火車終於準時開進火車站，沒有絲毫延誤。但是業務員卻因焦躁不安，不僅錯失了沿途美麗的景色，並且身心感到疲憊，像剛打完一場仗。

司機輕鬆地對正要下車的業務員說：「你瞧！不用急吧！其實火車時刻表早就把一些可能發生的因素考慮進去了，像碰到乳牛跨越鐵軌等等，這些延誤都是在容許範圍之內的呀！」

分　享

朋友！你是否也因急躁而錯失了人生旅途中一些美麗的風光呢？

急性子的人總希望下一刻的事在這一刻就已完成。像這名業務員，明知要一小時才能抵達目的地，但就是忍不住心焦。不但無心觀賞沿途旖旎的風光，還因焦急、緊張，像打仗一般，徒任自己疲累困倦，白白為身心靈加添許多不必要的負擔。

急躁，不但對健康有損，還容易出錯；如果不幸造成不能彌補的後果，一失足成千古恨，那就後悔莫及。

在人生旅途中，我們也常會遇到一些耽延或遲滯，令我們不耐等待；例如養育孩子、推展事業、學習技藝、甚至交通運輸、烹飪煮食等等。有時我們實在恨不得能用飛的到達目的。然而，如果能放寬心情，輕鬆面對，像故事裡老神在在的火車司機那樣，談笑間，輕舟已過萬重山。

從容不迫、輕鬆自在的人生，絕對比行色匆匆、焦躁疲累的人生來得容易走，也走得更遠，更瀟灑得意。

其實，就算我們果真不小心走錯了路，走到岔路去了，但只要把握好方向盤，大方向不變，就還是能輕易轉回原來的軌道，平安到達終點。

人生旅途中充滿許多小小的意外，就像道路的分岔，如疾病、投資失敗、決策錯誤等等，都難免造成路程上的延誤。但我們如果能把人生的大方向交付天道，將方向盤交給上帝掌管，那麼，即便走了岔路，耽擱了點時間，上帝依舊會把我們拉回原有的生命軌道，讓我們繼續順利往前，平安到達終點。

上帝總是慈聲地說：「安啦！那是在誤差的容許範圍之內！」

殷勤籌劃的，足致豐裕；行事急躁的，都必缺乏。

——〈箴言〉二十一章五節

The plans of the diligent lead to profit, as surely as haste leads to poverty.

——Proverbs 21:5

脾氣急躁，招惹紛爭；性情容忍，培植和平。

——〈箴言〉十五章十八節

A hot-tempered man stirs up dissension, but a patient man calms a quarrel.

——Proverbs 15:18

不輕易發怒的勝過勇士，治服己心的強如取城。

——〈箴言〉十六章三十二節

Better a patient man than a warrior, a man who controls his temper than one who takes a city.

——Proverbs 16：32

討論：

1. 你是否曾因急躁而誤過事？若然，該如何控制急躁的脾氣？

2. 你認為你的人生是從容不迫還是行色匆匆？你是否滿意呢？

3. 你的人生一路走來，是否出過什麼差錯？現在是否回到軌道上了？

8
想變得更好

有一個男孩從小調皮搗蛋，生活習慣一團亂。早上總是叫不起床，臨上學又匆匆忙忙，從不幫忙家事，回家後成天只知道打電動。

他的個人衛生習慣也極差，不喜歡刷牙洗澡，總是邋邋邋遢遢。房間更是一團髒亂，連媽媽想踏進去打掃房間，也不知如何落腳。

男孩個性粗枝大葉，從不細心體貼。對自己的學業及前途，也總是漫不經心。男孩的母親是個中學教師，為這個兒子，操心極了。

男孩長大了，開始交女朋友了。

和娜娜約會的時候，男孩學會了抽煙、喝酒，認為那才叫「成熟」。母親和娜娜第一次見面後，就告訴兒子：「我不喜歡她，我反對你們交往。」

和朱朱約會的時候，男孩經常夜歸參加派對，奇裝異服，認為那樣叫「酷」。母親和朱朱見過幾次面後，又告訴兒子：「我不喜歡她，我反對你們交往。」

男孩於是和母親頂嘴：「你們當老師的最挑剔了！這也反對，那也反對！」

男孩以後交女朋友，乾脆都不讓母親知道了。

多年以後，男孩大學畢業了，漫不經心地找不到工作，最後決定去讀研究所。

有一天，男孩對母親說：「我交了個女朋友，這次希望妳不反對。」

反常的是，這位一向挑剔的母親說：「我不反對！不反對！我高興你們交往。」

兒子詫異地問：「妳連面都沒見過，怎麼知道會喜歡她？」

母親說：「我看我兒子最近幾個月像變了一個人似的，早上不賴床，對課業從沒這樣認真過；還刷牙、洗澡、整理房間；而且溫文有禮，對家人、對媽媽比以前體貼多了。

「能讓我這個叛逆的兒子自動想變得更好，除非是上帝派來的天使，不然怎麼可能？既然是上帝派的天使，即使不討我喜歡，又有什麼關係？為兒子著想，我寧可他變得更好呀！」母親說。

分　享

　　朋友！愛情能讓一個人改變，優質的愛情能讓一個人想變得更好。

　　電影〈愛你在心口難開〉裡，傑克‧尼克遜對海倫‧杭特的讚美是：「妳讓我想成為一個更好的人。」

　　愛情，會讓人產生一種慾望：想取悅對方，想讓對方肯定自己；愛上一個正直的好人，自己也會想變得跟對方一樣好，這就是愛情的力量。

　　俗話說：「觀其友，知其人。」母親從兒子的表現就可以判斷他交的女友是否為合適的對象。

　　年輕人婚友的最佳選擇，也就是找一個能激勵自己想變得更好的伴侶。

　　上帝愛世人，所以把追求美好的慾望放在相愛的人心裡。

　　《聖經》上說，當上帝的靈進駐我們的心，亦即當我們心存天道時，我們的心自然會結出九樣美好的果子，就是：仁愛（Love）、喜樂（Joy）、和平（Peace）、忍耐（Patience）、恩慈（Kindness）、良善（Goodness）、信實（Faithfulness）、溫柔（Gentleness）、節制（Self-control）。（〈加拉太書〉5：22-23）

　　聖潔的愛情，會讓談戀愛的人很自然地想追求這九種美

好。若能讓這九種美好的品德長久駐足心中，變成習慣，會使得愛情更加聖潔。

聖潔的愛情是所有愛情中品質最好的。愛情裡含有聖潔的成分，可以使愛情留住美好，天長地久，永不退色。像聖經雅歌書中的愛情。

上帝的愛，讓世人想追求美好；上帝的天使，讓情侶想變得更好。只可惜，愛情總喜歡短線操作，當愛情選擇退場，追求這些美好的心情也常隨之消逝。

聰明的你，何不抓住愛情的翅膀，把握機會追求美好，並留住美好？

我所愛的，你何其美好！何其可悅，使人歡暢喜樂！
——〈雅歌書〉七章六節

How beautiful you are and how pleasing, O love, with your delights!

——Song of Songs 7:6

愛情，眾水不能息滅，大水也不能淹沒。若有人拿家中所有的財寶要換愛情，就全被藐視。

——〈雅歌書〉八章七節

Many waters cannot quench love; rivers cannot wash it away. If one were to give all the wealth of his house for love, it would be utterly scorned.

——Song of Songs 8：7

不要驚動、不要叫醒我所親愛的，等他自己情願。

——〈雅歌書〉二章七節

Do not arouse or awaken love until it so desires.

——Song of Songs 2：7

討論：

1. 你週遭的人中，誰能使你想變得更好？

2. 聖靈的九種果子，你具備了幾種？

3. 聖靈的九種果子，你哪一項做得最差？可能可以怎樣改進呢？

9

救命的海水

有一艘貨船在橫過太平洋的時候遇到了颶風，船觸礁沉沒了。船上的水手大都葬身海底。只有四名水手拼命游泳，用盡力氣，終於游到了一個無人的孤島。

但是情況並不樂觀。這座孤島全是岩石，沒有任何植物，更沒有水泉，找不到任何可吃的東西。炎炎烈日曬在岩石上，令這幾個勉強逃生卻已筋疲力盡的水手奄奄一息。他們躺在岩石上，渴望能有一點水解渴，卻遍尋不到。

孤島四周都是海水，但水手們都知道海水是不能飲用的，又苦又鹹，根本無法解渴。他們期待著下雨，因雨水可以解渴。但令他們失望的是，毫無下雨的跡象；他們也盼望著搜救的船隻可以發現他們，但是望穿四面海水，就是望不到任何船隻經過。

一天過一天，水手們撐不下去了，有兩名渴死了。

現在只剩下一名老水手和一名年輕水手了。他們一起向上蒼哀求，求上帝賜他們一線生機。

老水手對年輕水手說：「孩子，我已經老了，但你還年輕。我快死了，但是你要盡量撐下去。我估計搜救的隊伍快要來了！」

他氣息微弱地說：「我死後，你要用石塊打破我，讓我流血，你要飲我的血，這樣可以多撐一些時候。」

年輕水手流下感動的眼淚，但是，淚水也是鹹的。

年輕水手對老水手說：「讓我用衣服去沾濕一些海水，讓您解解炎熱吧！這樣死得也舒服一些。」

他去海邊岩石間沾了一身的海水，把衣裳覆蓋在老水手身上，衣裳的海水流進老水手的嘴裡，老水手貪婪地吸吮著。

老水手心想：「橫豎要死了，也顧不得海水不能喝，就喝個痛快等死吧！」

他把整件衣裳的水分都吸乾了，還不夠，乾脆跑去岸邊，用手捧了海水，大大喝了一肚子水。

突然，他覺得身體舒暢多了，精神好了起來。他對年輕水手說：「孩子，真奇怪，這海水的滋味真不錯，甜甜的，滿解渴的，不像一般的海水。如果我喝了沒事，你就快快也去喝吧！」

等了半天，老水手沒事，年輕水手趕緊也跑去喝了一肚子海水。兩個人欣喜若狂地發現，這裡的海水居然可以

飲用，可以維持住他們的生命。兩個人就這樣多撐了好一段時間，直等到救援的船隻來到。

獲救後，這兩名水手將這個奇蹟傳了出去，檢驗單位於是前來採集海水回去化驗。檢驗發現，這水根本不是海水，而是泉水。

原來，孤島海邊的岩石下有一脈水泉，不斷地湧出泉水來，而水泉的出水口正是那天年輕水手去浸濕他衣裳的地方。

分　享

朋友！人們總是太過相信自己的經驗，以致錯過許多救援的機會，往往造成無可彌補的遺憾。

海水不能止渴，不能維生，它的鹽分太高，喝多了會致命。這是常識。對在海上生活的水手，這不只是常識，還是長年累月的經驗，在他們腦中成為牢固不疑的必然。但也就是這樣深信不疑的經驗，讓故事中的兩名水手錯過救援而死亡。

故事裡最後存活的兩名水手是幸運的，因為他們意外發現了泉水。

　　在許多災難中，往往出現慘不忍睹的你爭我奪，遇難者為了活下去，以殺死對方來延續自己的生命。但故事裡的老水手，不但沒有爭奪，反而願意犧牲自己讓年輕水手延長生命，在危難時刻仍保有難得的愛。或許正是他這份愛感動了天，讓上帝賜下奇蹟，讓他們找到救命的活水泉。

　　活水可以解渴，是生命的泉源。人離了活水，就不能生存。《聖經》裡敘述，上帝的道就是世人的活水，人喝了就永遠不渴。把這道存在心裡的人就如腹中放進了一個活水泉，會不斷流出活水的江河。（〈約翰福音〉7：37-38）

　　先知耶利米也明白指出：「離棄祢的人都要蒙羞。他們消失，像寫在塵土上的名字，因為他們離棄了上主──活水的泉源。」（〈耶利米書〉17：13）

　　缺乏活水的生命是饑渴的，是乾枯的；缺乏上帝的道，人生也是充滿困倦、疲乏，沒有元氣。但是擁有活水的生命卻剛好相反，是翠綠的，是欣欣向榮的；有上帝的道澆灌，人生也是活潑的，是豐沛的。就像栽種在溪旁的樹，按時結果子，葉子也不枯乾。凡他所做的盡都順利。

　　人沒有活水，就無法生存。試想如果有一水泉，在肚腹裡源源不斷可以湧出活水，滋潤生命，永不枯乾，那該有多美妙！上帝的道如此神奇，為什麼不試試看呢？

他要像一棵樹栽在溪水旁，按時候結果子，葉子也不
枯乾。凡他所做的盡都順利。

——〈詩篇〉一篇三節

He is like a tree planted by streams of water, which yields its
fruit in season and whose leaf does not wither. Whatever he does
prospers.

——Psalm 1：3

人若喝我所賜的水就永遠不渴。我所賜的水要在他裏
頭成為泉源，直湧到永生。

——〈約翰福音〉四章十四節

But whoever drinks the water I give him will never thirst.
Indeed, the water I give him will become in him a spring of water
welling up to eternal life.

——John 4:14

耶穌站著高聲說：「人若渴了，可以到我這裏來喝。
信我的人就如經上所說：『從他腹中要流出活水的江河
來。』」

——〈約翰福音〉七章三十七、三十八節

Jesus stood and said in a loud voice, "If anyone is thirsty, let him come to me and drink. Whoever believes in me, as the Scripture has said, streams of living water will flow from within him."

——John 7:37-38

討論：

1. 你是否經常受經驗法則左右？還是能勇於創新？

2. 當面臨不是你死就是我活的情況，人們會有何不同的表現？為什麼？

3. 上帝的道就如活水泉，請分享使用前與使用後的差別。

10
貝多芬的母親

網路上流傳著一篇短文「你的決定殺了誰？」

一名教師拿著這篇短文到課堂上傳閱，要同學們討論之後寫讀書心得報告。這篇短文內容如下：

請你回答下列兩個小小的測驗。

問題一：如果你知道有一個女人懷孕了，她已經生了八個小孩，其中有三個耳朵聾、兩個眼睛瞎、一個智能不足，而這女人自己又有梅毒，請問，你會建議她墮胎嗎？

答案：若你贊成墮胎，你就殺了貝多芬。因為這女人是貝多芬的母親。

問題二：現在要選舉一名領袖，而你這一票很關鍵。下面是關於這三位候選人的一些事實：

候選人A：跟一些不誠實的政客有往來，而且會諮詢占星學家。他有婚外情，是一個老煙槍，每天喝八至十杯馬丁尼。

候選人B：他過去有兩次被解雇的記錄，睡到中午才起

床，大學時吸過鴉片，且每天傍晚會喝一夸特的威士忌。

候選人C：他是一位受勳的戰爭英雄，素食主義者，不抽煙，只偶爾喝一點啤酒。從沒有發生過婚外情。

請問，在這些候選人中，你會選哪一個？

答案：候選人A是富蘭克林・羅斯福，B是溫斯頓・邱吉爾，C是阿道夫・希特勒。若你認為自己道德高尚，但你卻為大家選了殺人魔王希特勒。

結論：不要用既定的價值觀來思考事物！

同學們分組討論之後寫下讀書報告交給老師。

約有三分之一的報告在談論「成見」，他們同意作者的看法，應努力擺脫既定價值觀的束縛。因為外表看起來的現象並不代表事實就是如此。

另外三分之一的學生則大談對「墮胎」的看法。大部分同意作者的觀點，極力反對墮胎，認為不應該隨便扼殺天才的誕生。

也有部分同學贊成「有條件式的墮胎」，認為節約社會資源，還是應該勸這個女人去墮胎，因為要遇上如貝多芬母親的機會真是微乎其微。

還有部分同學討論希特勒和他的殺人行為，認為希特勒性格上極端潔癖，和他吃素不無關係。

幾乎所有學生都根據這篇短文的敘述做出報告，只有一名學生跑去查證，結果發現這篇短文的敘述並不正確。他指出：「貝多芬的母親死於肺結核，她生了七個孩子，貝多芬還有兩個弟弟。」

　　他說：「作者以錯誤的資訊創造了另一個既定的價值觀，讓人以為貝多芬的母親患有梅毒，私生活必定不檢點，使她名譽掃地。」他並做出結論：「這篇短文立意雖然良好，卻等於殺了貝多芬的母親。」

　　老師給了這名學生最高的分數。

分　享

　　朋友！成見的確害人不淺，但製造成見，更是害人！

　　這篇網路文章目的在勸人不要以既定的價值觀思考事物，應該拋棄成見的束縛。然而它卻以不實的訊息製造了讀者對貝多芬母親的錯誤印象，創造了另一個既定的價值觀，等於又製造了一個不堪的成見。

　　目的正確並不表示手段也正確。手段若不正確，會使目的的正確性也大打折扣。

在日常生活中，我們也常像《聖經》裡的法利賽人，墨守成規，虛偽造作，常被一些傳統成見束縛而不自知。

要破除成見，保持思想觀念的彈性，首須履行《聖經》的教訓：莫論斷！唯有養成凡事不論斷的習慣，才可避免掉入成見的窠臼，擺脫不必要的束縛。

胡適說過：「大膽假設，小心求證。」這是基本的科學精神。在沒有證據之前，莫論斷是唯一的選擇。

有人認為，信仰與科學基本上是衝突的；實則不然。凡有證據且符合科學精神的信仰就是正信，否則就是迷信。而基督信仰是相當符合科學的，《聖經》處處找得到證據。

《聖經》記載了耶穌的教訓，推翻了許多法利賽人的成見。但《聖經》也藉著許多故事顯示了上帝的要求：不但目的要聖潔，手段也要聖潔。

人類的歷史充滿了舉著聖潔的大旗，卻執行不聖潔的事。像十字軍東征，像希特勒的殺戮。

讓我們追求真正的聖潔，包括目的與手段！

要遵守這些話，不可存成見，行事也不可有偏心。

——〈提摩太前書〉五章二十一節

Keep these instructions without partiality, and do nothing out of favoritism.

——1Timothy 5:21

你們不要論斷人，免得你們被論斷。因為你們怎樣論斷人，也必怎樣被論斷；你們用甚麼量器量給人，也必用甚麼量器量給你們。

——〈馬太福音〉七章一、二節

Do not judge, or you too will be judged. For in the same way you judge others, you will be judged, and with the measure you use, it will be measured to you.

——Mathew 7：1-2

那召你們的既是聖潔，你們在一切所行的事上也要聖潔。因為經上記著說：「你們要聖潔，因為我是聖潔的。」

——〈彼得前書〉一章十五、十六節

But just as he who called you is holy, so be holy in all you do; for it is written: "Be holy, because I am holy."

——1 Peter 1：15-16

討論：

1. 你覺得應該如何警醒自己，避免成見？

2. 要如何謹守口舌，養成不論斷的習慣？

3. 你是否也曾為達目的不擇手段？

11

草坪或打球

　　年輕的媽媽瑪莉和凱蒂住在同一個社區，她們的家面對面，就在社區裡那條主要街道的兩旁。從客廳窗戶看出去，她們很容易就看到對門的庭院，以及彼此的家庭活動。

　　瑪莉家有一個漂亮的花園，綠油油的草坪令人賞心悅目。幾乎每隔幾個週末，就會看到瑪莉的丈夫在修剪他們的花園。

　　這點讓凱蒂既羨慕又忌妒。每次看到瑪莉的丈夫在鋤草或修剪花圃，凱蒂一定進屋去埋怨自己的丈夫，責怪他：「你瞧，人家瑪莉的先生鋤草多勤快，哪像你，真令人生氣！」

　　凱蒂的丈夫起初還面有慚色，後來就習慣了，心情不好時還會和妻子為了這事口角。

　　凱蒂有個五歲的兒子，非常外向好動，凱蒂的丈夫經常陪兒子在庭院玩球或遊戲，父子愉快的笑聲讓過路的人都發出會心的微笑。

　　這點讓瑪莉又羨慕又忌妒。每次看到凱蒂的丈夫及兒子在家門口玩球時，瑪莉就會進屋去埋怨自己的丈夫，責怪他：「你瞧，人家凱蒂的丈夫多疼孩子，哪像你，從來不陪孩子玩球！你看兒子長得那麼瘦，都怪你不陪他運動！」

　　瑪莉的丈夫起初還會去找兒子一起出去打球，後來看孩子興趣也不大，就作罷了，寧可和兒子窩在書房打電動。夫妻經常為此不愉快。

　　有一天，瑪莉和凱蒂一起喝下午茶，兩人互相道出心中對對方的羨慕。瑪莉驚呼起來：「你真的覺得我們家草坪很漂亮嗎？我從來沒為這件事誇獎過我先生呢！」

　　凱蒂也訝異地說：「怎麼我從來沒注意到我家先生這麼疼孩子？我也從沒稱讚過他一聲呢！」

　　兩個女人於是相約，回去後要好好嘉獎一下自己的先生。

　　「以後只要看到我先生去鋤草或做花園，我一定要去給他一個擁抱，表示感謝。」瑪莉說。

　　「我也是，以後只要看到我先生帶孩子去玩球，我一定要好好稱讚他！」凱蒂說。

　　幾個月過去，奇怪的事發生了。

　　凱蒂居然好幾次看到瑪莉的先生和兒子在漂亮的草坪

上玩遊戲。而瑪莉也看到凱蒂的先生接連幾個週末都去鋤院子的草，凱蒂家的草坪也逐漸油綠綠起來。

　　兩個女人又一起喝下午茶，她們互道心中的幸福與感恩，並且獲得共同的結論：「原來稱讚和抱怨都會生出一窩子家族來：愈稱讚，愈會生出一些事情值得你稱讚；愈抱怨，愈有事讓你抱怨。」

分　享

　　朋友！有智慧的人懂得鼓勵他人！稱讚是達到目的的特效藥。如果舉辦賽跑，稱讚肯定比抱怨跑得快。

　　從故事裡兩位先生的作為可證，抱怨和稱讚都具有傳染性。抱怨會引起紛爭，紛爭會讓人想逃避責任，逃避責任會造成更多的抱怨。

　　稱讚亦然。稱讚會讓人開心，開心就樂意做，樂意做則出現更多值得稱讚的好行為。稱讚發出愛與鼓勵的訊號，啓動了幸福之鑰；抱怨卻發出厭惡憎恨的訊號，啓動了苦毒與戰爭。

　　北風和太陽的故事最可以代表這樣的不同。北風打威脅恐嚇牌，行人只是將兩手愈抱愈緊，把外套緊緊抓住；太陽打溫

馨和煦牌，卻成功地讓行人鬆了手，脫下了外套。

抱怨如同吹北風，稱讚則是畫了一個和煦太陽的笑臉。

稱讚的特效也同樣對上帝適用。要支取上帝的大能力，稱讚是最快最有效的捷徑，甚至比呼求更為有效。由感恩的心發出的稱讚，像打開上帝恩典的門，往往可以直接而快速地接到上帝的回應，賜下豐富的恩典。即使是在急難中祈求上帝幫助，稱讚也比呼求更快得到上帝的垂聽。

如果在上帝面前舉辦賽跑，稱讚肯定也比呼求跑得快一步。正如先知耶利米的呼求，便以稱讚的形式發出：「耶和華啊，求你醫治我，我便痊癒，拯救我，我便得救；因你是我所讚美的。」

其實並不是上帝喜愛稱讚而不顧呼求，而是當我們以稱讚的歌頌發出祈求，我們的內心是平靜且感恩的；但當我們以呼求的方式表達我們的祈求，內心卻是激動且情緒的。

上帝的恩典早就擱在那兒要賜給我們，以平靜而感恩的心情，比以激動且情緒的心情更可以快速而準確地接住上帝的恩典。

稱讚如此有功效，聰明的你，還會去選擇抱怨嗎？

耶和華啊，求你醫治我，我便痊癒，拯救我，我便得救；因你是我所讚美的。

　　　　　　　——〈耶利米書〉十七章十四節

Heal me, O Lord, and I will be healed; save me and I will be saved, for you are the one I praise.

　　　　　　　——Jeremiah 17：14

耶和華啊，你是我的上帝；我要尊崇你，我要稱讚你的名。因為你以忠信誠實行過奇妙的事，成就你古時所定的。

　　　　　　　——〈以賽亞書〉二十五章一節

O Lord, you are my God; I will exalt you and praise your name, for in perfect faithfulness, you have done marvelous things, things planned long ago.

　　　　　　　——Isaiah 25：1

你們要讚美耶和華！要稱謝耶和華，因他本為善;他的慈愛永遠長存！

　　　　　　　——〈詩篇〉一〇六篇一節

Praise the Lord. Give thanks to the LORD, for he is good; his love endures forever.

　　　　　　　——Psalm 106：1

討論：

1. 你對你的配偶或子女，是稱讚多還是責備多？

2. 如何將你的祈求以感謝讚美的方式發出？

3. 檢視自己的說話模式，你是否有稱讚及鼓勵別人的習慣？

12
雙重標準

劉媽守寡十多年，全心全意照顧孩子，讓他們讀完了大學，找到了工作。但最近劉媽時常抱怨說：「孩子大了，都不知道體諒母親的辛勞，交了男、女朋友就忘了娘。」

聖誕節家家戶戶團圓，劉媽也趕早準備了豐富的菜餚，好讓在外地工作的兒子與女兒回家團圓。

沒想到，先是兒子打電話跟母親說不回來了，他應邀到女友的家裡去過節。不久，女兒也打來電話，說是加班加得太晚，乾脆和住在附近的男友一起過節。劉媽難過極了，團圓餐就只有她一個人吃，實在食不下嚥。

連著一個星期，劉媽都不開心，自己跟自己生悶氣。怪自己幹嘛對孩子這麼好，付出那麼多，到頭來都是在替別人養配偶。

教會牧師邀劉媽參加新年晚會，劉媽才有了一點笑容。但又跟牧師抱怨了一大堆，說兒女不孝，令她又傷心又氣憤。眼淚擦濕了半盒面紙。

　　她說兒子女友的家人很現實，嫌貧愛富，從來就瞧不起她這個窮寡婦。兒子受到影響，也愈變愈現實，見準岳父母有錢有勢，對他們畢恭畢敬，對自己的老媽就愈來愈不放在眼裡。

　　女兒的男友家卻剛好相反，他們是鄉下人，窮得很。那男孩很早就獨立在外求學，還要幫忙家計。劉媽說她根本不贊成女兒和這個窮小子來往，她說女兒將來嫁給他，可有苦頭吃的。

　　牧師聽著聽著，問她：「妳說兒子女友的家人嫌貧愛富，妳女兒的男友會不會也覺得妳嫌貧愛富啊？」

　　牧師終於了解為什麼劉媽會淪落到孤零零一個人過節了。因為怎麼種就怎麼收呀！

分　享

　　朋友！你是否也不自覺地嫌貧愛富，對兒子娶媳婦是一套標準，對女兒嫁女婿又是另一套標準呢？

　　具有雙重標準的人因缺乏原則，沒有定見，就像牆頭草，風來了就隨風倒。《聖經》上說：「心懷二意的人，在他一切

所行的路上都沒有定見。這樣的人不要想從主那裏得甚麼。」

(〈雅各書〉一章七、八節)

　　嫌貧愛富的人可說十分短視。財富既不能買到幸福，也無法避免寂寞；貧窮既無法阻擋快樂，也不會因此孤獨。

　　故事裡的劉媽，恐怕無法用財富驅逐她內心的寂寞；她未來的女婿也不會因為窮就無法與女友享受快樂的聖誕節。

　　世間的財富往往是此一時彼一時，就像長了腳，隨意四處流動。現在富有未必一直富有，現在貧窮未必永遠貧窮。

　　人與人的關係若建立在錢財上，基礎非常薄弱，恐難支撐天長地久。追逐一場空洞虛幻的金錢人生，最終將免不了心靈深處的孤單落寞。

　　劉媽以勢利的眼光衡量女兒的男友，於是也被兒子的女友以勢力的眼光對待。種瓜得瓜，重豆得豆，沒有偶然！

　　「己所不欲，勿施於人」古有明訓！以雙重標準嫌貧愛富，多麼不智與不值！

你們不要定人的罪，就不被定罪；你們要饒恕人，就必蒙饒恕。

——〈路加福音〉六章卅七節

Do not condemn, and you will not be condemned. Forgive, and you will be forgiven.

——Luke 6：37

富貴的人被貶低，也該這樣。富有的人要像野花一樣凋謝。烈日一出，熱風一吹，草木枯乾，花朵凋謝，所有的美就消失了。同樣，富有的人在事業上孜孜經營，也會消失。

——〈雅各書〉一章十、十一節

But the one who is rich should take pride in his low position, because he will pass away like a wild flower. For the sun rises with scorching heat and withers the plant; its blossom falls and its beauty is destroyed. In the same way, the rich man will fade away even while he goes about his business.

——James 1:11

你們不要論斷人，免得你們被論斷。因為你們怎樣論斷人，也必怎樣被論斷；你們用甚麼量器量給人，也必用甚麼量器量給你們。

——〈馬太福音〉七章一、二節

抉擇的智慧

Do not judge, or you too will be judged. For in the same way you judge others, you will be judged, and with the measure you use, it will be measured to you.

——Methew7：1-2

討論：

1. 己所不欲勿施於人。你是否曾經有過雙重標準的作為？

2. 你對兒女的婚姻對象有沒有貧富的考量？

3. 自我反省一下，在別人眼中，你會是嫌貧愛富的勢利眼嗎？

13
用心

　　有兩個年輕人艾迪和班尼在同一家超級市場工作，他們倆差不多同一個時間進公司。兩個人都從基層做起，經過一段時間後，艾迪卻受到總經理的賞識，一再升職，從領班一路升到部門主管。這讓班尼心裡很不是滋味。

　　班尼心想：「他一天幹活十幾小時，我也不比他少。我還比他能吃苦，裝卸貨、挑重擔，我做得比他還多。」

　　班尼忍了一陣子終於爆發，大聲埋怨總經理偏心，說他用人不公平。總經理聽了他的抱怨，答應過幾天處理。

　　隔了兩三天，總經理把班尼找來，對他說：「請你到果菜市場去，看看那裡今天賣些什麼東西？」

　　班尼很勤快地立刻去了，並迅速回報說：「只有一個菜農在賣馬鈴薯。」

　　總經理問：「他賣的馬鈴薯數量有多少？」

　　班尼再跑回批發市場，回報說：「他總共拿了十袋馬鈴薯在賣。」

　　總經理又問：「他賣的價格是多少？」

班尼又再跑去市場。這樣跑了好多趟，跑得滿頭大汗。

　　總經理於是說：「那你先休息一下，換艾迪來做。」

　　總經理把正忙著點貨的艾迪叫過來，也對他說：「請你到果菜市場去，看看那裡今天有賣什麼東西？」

　　艾迪也很快就來回報了，他說：「到目前為止，只有一個菜農在賣馬鈴薯，數量大約有十袋，價格適中，品質也不錯。我帶了幾個回來，在這裡，您看看如何。」說完，把幾個馬鈴薯遞給總經理。

　　接著艾迪又說：「這個菜農說他還有種些青椒，不久就會運到市場上賣，我看價格還不錯，我們說不定也可以進些貨，所以就讓他帶著青椒的樣品跟我回來，他正在外面等著呢！」

　　總經理看了一下坐在旁邊的班尼，班尼已經慚愧地低下了頭。他現在知道為什麼艾迪會得到總經理的賞識，並且職務不斷高升了。

　　總經理告訴班尼：「做事如果不用心，光用力是不夠的！你如果再不用心，哪一天來找工作的人多了，你很容易就被取代，那時，就難保不被解聘啊！」

分　享

朋友！用力而不用心，有勇無謀，缺乏智慧，必定難成大局！

用力而不用心的人，往往只能拚命守住本位的工作，卻難以開創工作視野，也無法提升工作高度；在人生的旅途中，不但無以成大器，甚至可能在激烈競爭中被淘汰，

用心，是要看得見對方的需要，然後從大事上著眼、從小事上著手，進行通盤整體的解決。用心的人，看得見別人看不見的，敢於做別人懶得做的事。用心的結果，能讓老闆高興、客戶滿意，也能提高自己的視野高度，讓自己更有成就感。

故事中的班尼，雖然工作努力，卻不用心，難以通盤解決公司的問題。艾迪卻能從大處著眼，小處著手，看得見總經理的需要，也看得見公司的問題。班尼或艾迪，誰是忠心的僕人，不言而喻。

《聖經》上，耶穌曾說過一個「忠心的僕人」的比喻：有個人要出外旅行，把產業交給三個僕人管理，各給了他們五千、兩千、一千個錢幣。等主人回來，那拿五千、兩千的人各又為主人賺了五千、兩千，但那拿一千的僕人，卻只把錢幣原封不動還給主人。

主人稱讚那能賺取利潤的僕人是「又良善又忠心」的僕人，卻罵那個不事生產的僕人是「又惡又懶」；於是把那一千拿走，賞給幫他賺了五千的那個僕人。

上帝賜給我們各樣的才能，我們若能用心發揮，就是忠心的僕人，將會得到上帝更多的賞賜。若不用心，毫無成果，那說不定連原有的也要失去。

這就像故事中的兩個員工，願意用心發揮自己才能的艾迪，可以得到總經理的賞識；不能用心發揮自己潛力的班尼，難有成果，說不定連自己那份工都要丟失了。

在生命的工場上，我們都是上帝的僕人。你是要選擇做那又良善又忠心的僕人呢，還是又惡又懶的僕人？

主人說：「好，你這又良善又忠心的僕人，你在不多的事上有忠心，我要把許多事派你管理；可以進來享受你主人的快樂。」

——〈馬太福音〉二十五章二十一節

"His master replied, 'Well done, good and faithful servant! You have been faithful with a few things; I will put you in charge of many things. Come and share your master's happiness!'

——Mathew 25:21

主人說：「好！良善的僕人，你既在最小的事上有忠心，可以有權柄管十座城。」

——〈路加福音〉十九章十七節

"Well done, my good servant!" his master replied. "Because you have been trustworthy in a very small matter, take charge of ten cities."

——Luke 19:17

因爲凡有的，還要加給他，叫他有餘；沒有的，連他所有的也要奪過來。

——〈馬太福音〉二十五章二十九節

For everyone who has will be given more, and he will have an abundance. Whoever does not have, even what he has will be taken from him.

——Mathew 25：29

討論：

1. 你能不能發揮上帝賜給你的天賦，得到工作成效呢？

2. 在工作中，你是否被認為忠心且值得信賴？

3. 試分享以下的屬靈奧祕：凡有的，還要加給他；沒有的，連他有的也要失去。

14
讓我們一起完成

　　有一位父親有一個可愛的兒子，未滿四歲，父子倆感情非常好。兒子經常坐到爸爸的膝蓋上跟爸爸玩耍。晚上睡覺前，這位父親會為兒子念完床邊故事，為他蓋好被才離開。有時候，父親在書房裡工作，小兒子也會乖乖地拿著他的圖畫書，坐在書房的壁爐旁邊，煞有介事地學著爸爸的模樣讀書。

　　這一天，這名父親又在書房裡工作。小男孩也拿著他的書，有模有樣地在壁爐旁邊閱讀。讀了好一會兒，小男孩開始坐不住了，扭動著他的小手腳，要鑽到爸爸的膝蓋上玩。

　　爸爸說：「親愛的，你再等一會兒，爹地馬上就要完成了。等爹地完成，就可以陪你玩了。」

　　小男孩縮回去了。又過了三分鐘，小男孩又不耐煩了，開始騷動，又往爸爸身上鑽。

　　剛好這位父親想到他有一本參考書擱在樓上的椅子上，等下就要用到。於是對兒子說：「親愛的，那你去幫

爹地把那本書拿下來好嗎？爹地需要它，很快就可以完成手上的工作。」

小傢伙很高興可以幫爸爸的忙，興高采烈地答應了，飛奔上樓。

這名父親又安靜地忙他的工作。直到需要那本參考書時，這才想起來，兒子好像去得太久了。父親連忙起身去找兒子。一走出書房，正要上樓梯，就看到寶貝兒子坐在二樓的樓梯口，正在啜泣。那本爸爸要的參考書，就躺在他的腳邊。

小男孩一看到爸爸，委屈地哭了出來：「爹地！抱抱！這本書好重，我搬不動。」

原來小傢伙從椅子上把那本書拿下來時，就發現實在太重了，只好擱在地板上，半推半拖地往樓梯前進。花了好大力氣，也才將書移動幾公尺。

父親趕緊跑上樓梯，忙把小兒子抱起來。並伸出另一隻手，把書撿起來，一起帶回書房。

小兒子仰起臉，眼角還有一絲殘留的淚光，驚呼道：「爹地好有力氣！我搬不動，爹地搬得動！」

爹地親親兒子的小臉，堅定地說：「親愛的，你一個人做不動的事，爹地會和你一起完成。你只要大聲請爹地來幫忙就可以了！」

分　享

　　朋友！有許多事，上帝沒有要我們獨自去做，祂承諾和我們一起完成。就像故事裡的小男孩，只要他呼求幫忙，爹地就來幫他，和他一起完成。

　　所謂：謀事在人，成事在天。嚴格來說，所有的事，都必須上帝與我們一起共同完成。在信仰的國度，更是如此。天父不會撇下我們孤獨作工，祂要我們按著祂的引導去完成事工；但絕對和我們一起同工。聖徒保羅就說過：「我栽種了，亞波羅澆灌了，惟有上帝叫他生長。」（〈哥林多前書〉3：6）

　　即使是耶穌基督在世上時，祂也一樣靠上帝與祂同工。祂經常說：「其實我不是獨自一人，因為有父與我同在。」（〈約翰福音〉16：32）

　　然而，在人生旅途中，我們卻常常忘記了上帝的這項承諾，老是倚靠自己的聰明，想要獨自完成事情，最後落得和故事中的小男孩一樣，用盡力氣，才只能把書移動幾公尺，還因失敗挫折而難過流淚。

　　缺少上帝的同工，我們只會事倍功半，還可能做得疲累不堪，灰心喪志。人外有人，天外有天；渺小的我們，為何老是忘了上帝的存在？

作為上帝國的子民，稱上帝為「阿爸，父！」就具有一項特權，可以坦然無懼地到上帝的施恩寶座前要求上帝幫助，還可以在傷心氣餒的時候，蒙受上帝的安慰。就像小男孩仰望父親的幫助，並淚眼撒嬌要：「抱抱！」這就是信仰安慰人鼓舞人的力量。

下次遇到事情做不通的時候，何妨停下腳步，先安靜一下，尋求天道的力量，在信仰中尋找啟示與答案，說不定困難就迎刃而解了。

聰明的你，是選擇倚靠自己、凡事硬幹呢？還是選擇在信仰中仰賴天道的力量同工呢？

你要專心仰賴耶和華，不可倚靠自己的聰明。

——〈箴言〉三章五節

Trust in the Lord with all your heart and lean not on your own understanding.

——Proverbs 3：5

門徒出去，到處宣傳福音。主和他們同工，用神蹟隨著，證實所傳的道。

——〈馬可福音〉十六章二十節

Then the disciples went out and preached everywhere, and the Lord worked with them and confirmed his word by the signs that accompanied it.

——Mark 16：20

因為不是我獨自在這裏，還有差我來的父與我同在。

——〈約翰福音〉八章十六節

Because I am not alone. I stand with the Father, who sent me.

——John8：16

討論：

1. 試舉例說明「謀事在人，成事在天」。

2. 你是否曾領受過信仰安慰人的力量？是否曾向上帝撒嬌要求：「抱抱！」？

3. 例舉手邊進行的三件事。是靠自己硬幹呢？還是邀請上帝來同工？

15

母親的生日禮物

猶太人流傳著一則笑話。

有一個母親，她有三個兒子，個個事業成功又富有。

這一年，母親過生日。三個兒子都爲母親準備了貴重的禮物。大兒子送了母親一棟房子；二兒子送了母親一輛豪華轎車。

三兒子說：「你們送的禮物都太物質了，母親是個虔誠的教徒，她喜歡的禮物一定不是物質方面的禮物，而是精神方面的禮物。」

所以三兒子就送了一隻訓練有素的鸚鵡給母親。這隻鸚鵡可以背誦整本《聖經》，只要吩咐牠哪一章哪一節，鸚鵡就能馬上背出來。

三兒子非常得意地對哥哥們說：「這隻鸚鵡我可是花了很長的時間及很多的金錢，才請人慢慢訓練出來的。一定最能得到母親的歡喜。」

果然，母親婉拒了大兒子與二兒子的禮物，只收下三兒子的禮物。

　　母親對大兒子說：「謝謝你的豪宅，有這麼多房間。但是媽媽一個人只能住一間房間，睡一張床，看一台電視，用一個馬桶，照一面鏡子，剩下的游泳池、撞球檯、健身房、視聽室、電腦房，對媽媽都沒有用。所以謝謝你的好意，房子還給你，媽媽心領了就好。」

　　母親又對二兒子說：「謝謝你的豪華轎車，可是媽媽不會開車，若請司機還要安頓司機的起居。何況媽媽這把年紀了，很少出門，如果真的出門旅遊，也是搭飛機，用不到這輛轎車的。所以謝謝你的禮物，車子還給你，媽媽心領了就好。」

　　媽媽對十分得意的老三說：「好兒子，你送的禮物最實用了！謝謝你送的那隻雞，真是最適合媽媽不過了。那隻雞煮起來十分美味可口，媽媽吃得很滿意，到現在都還口齒留香呢！」

　　三個兒子面面相覷，說不出話來。

分　享

朋友！這是一個自以為是的世代，也是一個自以為義的世代！多少的真理與公義就葬送在「自以為是」與「自以為義」之中。

故事中的兒子們，沒有一個真正了解母親的需求。大兒子、二兒子以為母親喜愛豪宅華車，結果錯了；是他們自以為是。三兒子最自命清高，自以為最了解母親的精神需求，但還是錯了；他是自我為義。就像《聖經》中耶穌抨擊的假冒偽善的法利賽人。

法利賽人是猶太人中的律法師，他們謹守律法與誡命，然而卻自以為義、假冒偽善。聖經描述他們：施捨行善的時候，故意吹號讓大家知道。禱告的時候，愛站在大馬路上讓人看到。禁食的時候，故意愁苦著臉讓人知道他們在禁食。(〈馬太福音〉6：2-18)

又描述他們拘泥於傳統的律法與誡命，表面上奉行，骨子裡卻違抗。例如律法中規定要孝敬父母，也規定要向神獻祭。法利賽人卻解釋律法，容許有人把奉養父母的東西當作獻祭，那人以後就可以不必奉養父母。為了拘守傳統，他們技巧地拒絕上帝的命令。(〈馬可福音〉7：10-13)

　　《聖經》上要求敬拜上帝要以心靈和誠實來敬拜，因為上帝要求的是這種真誠的敬拜，上帝不喜歡假冒偽善。

　　同樣的道理，真正的孝順也應該建立在心靈與誠實之上。如果像故事中的兒子們，美其名送母親生日禮物，送的卻根本不是母親喜歡或需要的，甚至一點也不了解母親的心理，這樣的孝順，也難稱為孝順了。

　　當送父母生日禮物也成為互別苗頭與表面功夫時，這樣的親子關係多麼可悲呀！

　　耶穌說：「你們拘守人的傳統，而放棄了上帝的命令。」他又說：「你們技巧地拒絕上帝的命令，為的是要拘守傳統。

　　　　　　　　　　　　　——〈馬可福音〉七章八、九節

You have let go of the commands of God and are holding on to the traditions of men."

　　And he said to them: "You have a fine way of setting aside the commands of God in order to observe your own traditions!"

　　　　　　　　　　　　　　　　　　　　——Mark 7：8-9

時候將到，如今就是了，那真正拜父的，要用心靈和
誠實拜他，因為父要這樣的人拜他。

———〈約翰福音〉四章二十三節

Yet a time is coming and has now come when the true
worshipers will worship the Father in spirit and truth, for they are the
kind of worshipers the Father seeks

———John 4:23

你施捨的時候，不可大吹大擂，像那些偽善的人在會
堂或街道上所做的，為要得到別人的誇獎。⋯⋯你們禱告
的時候，不可像偽善的人，喜歡在會堂裏或十字路口站著
禱告，故意讓別人看見。⋯⋯你們禁食的時候，不可像偽
善的人；他們裝出一副苦相，故意蓬頭垢面，好讓別人看
出他們正在禁食。

———〈馬太福音〉六章二～十八節

When you give to the needy, do not announce it with trumpets, as
the hypocrites do in the synagogues and on the streets, to be honored by
men...And when you pray, do not be like the hypocrites, for they love to
pray standing in the synagogues and on the street corners to be seen by
men⋯When you fast, do not look somber as the hypocrites do, for
they disfigure their faces to show men they are fasting.

———Mathew 6：2-18

討論：

1. 你真的了解父母生理上及心理上的需求嗎？

2. 你是否會送父母生日禮物？你送的禮物是華而不實，還是偏重於實用性？

3. 請分享自以為是，及自以為義的行為模式。試問，你是否屬於其中一種呢？

16
卸下重擔

有一個住在山上的老農夫，背著一大籮筐的蘋果，要到鎮上的市場叫賣。

從山裡的果園到鎮上的市場，必須翻山越嶺，路途遙遠又十分顛簸。老農夫背著沉重的籮筐，走得相當吃力，氣喘吁吁。

在山間小徑，每走一段路，老農夫就必須停下來休息一下，喘口氣，喝口水，才能再繼續往前。為了怕裝卸麻煩，休息的時候，他並沒有把那籮筐的蘋果卸下來。他總是選擇一棵粗壯的大樹，背對著坐下來，把背上的籮筐靠著大樹。

就這樣走走停停，老農夫碰到了一個駕牛車的樵夫，也正要到鎮上的市場去，兩人於是攀談起來。

樵夫看到老農夫背著這麼重的籮筐，還有那麼大段路要走，很不忍心，於是邀請他坐到牛車上來。

「我的牛車雖然簡陋，但還是可以讓你休息一下的。」樵夫說。

這部牛車，其實就是兩塊木板搭在輪子上形成的簡便牛車。

老農夫很高興地接受了駕牛車的樵夫的邀請，心想可以好好休息一下了。

坐上了牛車，老農夫左看右看，卻找不到一個可以靠背的地方，背上的籮筐也沒東西可以支撐，一籮筐的蘋果依舊背在背上。籮筐沒有卸下，老農夫還是不得休息。

老農夫心想：「怎麼坐上車還是這麼累呀？」

隔了一會兒，樵夫轉過頭來，發現坐在車上的老農夫居然還背著他那一籮筐的重擔，不禁叫了出來：「哎呀！笨哪！你可以把籮筐卸下來呀！」

分　享

朋友！我們是不是也像老農夫一樣，常常笨得不知把重擔卸下？

在人生漫漫長路中，我們也常背負著各式各樣的擔子。有成家立業、結婚生子的生命責任，有工作賺錢、養家活口的生活擔子，還有人情世故、恩怨情仇的心理負擔，也有憂愁煩

惱、孤獨寂寞的心靈重擔……這些世俗的纏累，成為每個人在不同的人生階段裡不同的擔子。

這些擔子負在我們身上，常常重得讓我們喘不過氣，將我們折磨得疲累困倦，挫折灰心。這些重擔又像縛在我們身上的牢籠，將我們捆綁得失去自由，動彈不得。

然而，主耶穌卻應許幫人們背負重擔，祂說：「凡勞苦擔重擔的人，可以到我這裏來，我就使你們得安息。」（〈馬太福音〉11：28）

主耶穌的話語帶著能力，就像活水江河，可以洗滌疲倦者的靈魂，安慰背負重擔者的心靈。所以，跟從祂的人，輕鬆而喜樂。因此祂會說：「我的擔子是輕省的，我的軛是容易的。」（〈馬太福音〉11：30）

主耶穌慈聲地邀人們將重擔卸下給祂，就像故事裡的樵夫邀老農夫去坐他的牛車一樣，為要讓人們受安慰、得休息。

《聖經》教導人們：「你們要將一切的憂慮卸給上帝，因為祂顧念你們。」（〈彼得前書〉5：7）上帝也應許說：「我使你的肩得脫重擔，你的手放下筐子。」（〈詩篇〉81：6）

但許多時候，我們明明可以休息了，卻仍然不自覺地背負著重擔，不知將它卸下來。或許我們已經坐上這輛又輕省又容易的車，但卻依然故我，不肯放手。

卸下重擔，最主要的就是放手、放下、交託。若緊背著不

肯放下，緊握著不肯放手，如何把重擔卸下？

唯有放手，上帝才能接手！（Let Go and Let God！）

你要把你的重擔卸給耶和華，他必撫養你。他永不叫義人動搖。

——〈詩篇〉五十五篇廿二節

Cast your cares on the Lord, and he will sustain you; he will never let the righteous fall.

——Psalm 55：22

凡勞苦擔重擔的人、可以到我這裏來、我就使你們得安息。我心裏柔和謙卑，你們當負我的軛，學我的樣式；這樣，你們心裏就必得享安息。因爲我的軛是容易的，我的擔子是輕省的。

——〈馬太福音〉十一章二十八至三十節

Come to me, all you who are weary and burdened, and I will give you rest. Take my yoke upon you and learn from me, for I am gentle and humble in heart, and you will find rest for your souls. For my yoke is easy and my burden is light.

——Mathew 11:28-30

我們既有這許多的見證人，如同雲彩圍著我們，就當放下各樣的重擔，脫去容易纏累我們的罪，存心忍耐，奔那擺在我們前頭的路程。

——〈希伯來書〉十二章一節

Therefore we also, since we are surrounded by so great a cloud of witnesses, let us lay aside every weight, and the sin which so easily ensnares us, and let us run with endurance the race that is set before us.

——Hebrew 12：1

討論：

1. 人生一般背負的重擔有哪些？試從生活上及心靈上說明之。

2. 你是否已經學會了把重擔卸下？把心裡的重擔交託給上帝？

3. 你曾經嘗過在主裡受安慰得休息的滋味嗎？請說明當時的情境，以及你的感覺。

17
天籟交響曲

　　有一名小男孩，趁假期到姑婆家去度假。他的姑婆住在山裡的一個小鎮，人口不多，遊客鮮至。

　　姑婆家的後邊有一條小溪，溪水總是潺潺地流。溪旁種了許多垂柳，還不時有小鴨子嬉戲其間。

　　早上還在睡夢中，就可聽到一陣清脆的鳥叫。能在嘰嘰喳喳的小鳥交響樂中醒來，小男孩覺得好幸福。他在都市裡的家從來聽不到鳥聲。

　　最令小男孩著迷的是溪邊池塘裡的一群青蛙。每到傍晚時分，那群青蛙合鳴就像一組青蛙合唱團。往往由一隻最大的青蛙開始，唱出渾厚的低音，其他的青蛙就開始唱和。小男孩覺得每天都像在欣賞音樂會。

　　小男孩結束度假之後，回到都市，把度假的點滴寫在日記中，當成作業呈交老師。

　　小男孩的導師是位音樂老師，她看到小男孩日記上的敘述，十分心動、嚮往。所以在一個假日，女老師問明小男孩地點，就偕同她先生一起拜訪這個山間小鎮。

　　女老師的丈夫是一名建築開發商，在參觀了小溪的風景，並傾聽了小鳥交響樂及青蛙合唱團的表演之後，非常喜歡。於是動了念頭，想在這裡興建度假別墅，讓遊客可以來住宿遊玩。於是，他們去拜訪小男孩的姑婆，和她談起了山間小鎮的環境。

　　沒想到，姑婆表示：「我住在這裡大半輩子，簡直是煩透了！每天一早就要被鳥聲吵醒，晚上又要被青蛙叫吵得睡不著。連溪水流動的聲音也很吵呢！唉！如果能搬離這，我早就搬走了。」

　　開發商一聽大喜，馬上問她：「那您有沒有考慮要把土地賣掉呢？」

　　姑婆表示：「只要價格合適，當然可以賣啊！我還恨不得搬離開這鄉下地方呢！」

　　開發商表達了購買意願，表示下次就帶合同來簽約。

　　回程途中，開發商和音樂老師真是興奮極了。開發商規劃著要請最好的建築師來設計度假別墅，要請一流的景觀規劃師來規劃週邊環境。要以這裡的鳥叫和蛙鳴當賣點，就取名為「天籟交響樂團度假別墅」。

　　他們甚至打算要印製海報，把一群小鳥和整團青蛙的照片都登上海報，儼然就像是著名的偶像歌手樂團。他們太愛這些歌手了，也相信這些歌手一定能引起轟動。

談好了價錢，準備好文件，開發商和音樂老師又造訪這座山間小鎮，要和姑婆簽約了。到了姑婆家，他們迫不及待要造訪他們的偶像樂團。但是奇怪，今天怎麼這麼安靜？鳥叫和蛙鳴怎麼都不見了？

　　他們問姑婆：「你們的小鳥和青蛙難道也休假嗎？今天怎麼沒看到牠們出來表演？」

　　姑婆說：「這塊地已經要換新主人了，這些吵了我這麼久的傢伙，如果任牠們繼續吵你們，實在不好意思。我好不容易花了一整個星期，才搗毀牠們的窩，把牠們全趕跑了。」

分　享

　　朋友！大自然的聲音，你聽起來是樂音還是噪音？問題不在你的耳，在你的心！

　　大自然的天籟，是祥和美妙的仙樂，是造物者賦予人類最美好的禮物之一。上帝創造人，就已經把享受天籟的原始本能放在人的心裡了。天人合一，是造物者的初衷。

但是魔鬼把有些人的這項本能偷走了，放進了忙碌、急躁、不滿、埋怨、苦毒、憎恨……，於是，天籟樂音變成了噪音。就如同海邊聽濤的氣氛很浪漫，但對深閨怨婦卻極為諷刺；桃花源的雞犬相聞很悅耳，對迷路的旅人卻很吵鬧；鄉村擋住馬路的牛羊很逗趣，匆忙的趕路人卻恨不得宰了牠們。

聽其耳，知其心。無法享受天籟美好的人，他的心一定出了問題。

就像故事裡的姑婆，或許是對生活無奈，或許是對兒女不滿，所以聾了耳、硬了心，破壞了她該有的寧靜、滿足。這些負面的根源或許隱藏在內心深處，表面上看不出來，但從她耳裡聽到的天籟，就洩漏了這個祕密。

魔鬼也常把自我為中心的觀念放在人的心裡，讓人不知尊重大自然，甚至破壞天籟。《聖經》說：「觀看宇宙星辰，人算什麼？」

大自然是涵養人類的衣食父母，無情的摧毀與破壞，只會為人類帶來無窮的災害！

魔鬼又常把狹膩的心思放在身邊的人心中，讓愈是身邊的人，心愈盲目，愈看不到身邊事物的美好；愈是熟悉的事物，愈被輕視，愈不見其真正的內涵與價值。

俗話說：「近廟欺神。」耶穌也說：「先知在本家本地是不被尊敬的。」（〈馬可福音〉6：4）

　　人生在世，我們有多少時候也把身邊的美好視為理所當然，不知加以珍惜呢？

　　　　耶穌對他們說：「大凡先知，除了本地、親屬、本家之外，沒有不被人尊敬的。」

　　　　　　　　　　　　　　　　——〈馬可福音〉六章四節

　　Jesus said to them, "Only in his hometown, among his relatives and in his own house is a prophet without honor."

　　　　　　　　　　　　　　　　　　　　　　——Mark 6：4

　　　　凡上帝所造的物都是好的，若感謝著領受，就沒有一樣可棄的。

　　　　　　　　　　　　　　　　——〈提摩太前書〉四章四節

　　For everything God created is good, and nothing is to be rejected if it is received with thanksgiving.

　　　　　　　　　　　　　　　　　　　——1 Timothy 4：4

　　　　我觀看你指頭所造的天，並你所陳設的月亮星宿，便說：人算甚麼，你竟顧念他！世人算甚麼，你竟眷顧他！

　　　　　　　　　　　　　　　　——〈詩篇〉八章三、四節

When I consider your heavens, the work of your fingers, the moon and the stars, which you have set in place, what is man that you are mindful of him?

——Psalm 8：3-4

討論：

1. 環顧你家四周的環境及身邊的家人，每樣及每個人各列舉三項優點。

2. 想一想你上次被大自然感動是什麼時候？多久沒有被感動了？

3. 你對現狀有多少不滿？認知上的不滿還是已成為深埋內心的憤怨？

18
野草與馬鈴薯

　　有一個種馬鈴薯的農夫，總是很小心計算栽種的時間及氣溫，因為馬鈴薯很怕熱，對溫度很敏感。

　　這一年，夏天天氣炎熱，氣溫偏高，所以農夫決定比預定栽種的時間晚五天栽種，就是為了怕馬鈴薯在高溫的土壤裡待太久會損懷。

　　栽種之前，農夫照例先把野草除盡，避免野草妨礙馬鈴薯的生長。但這年的氣溫偏高，野草容易蔓延，所以農夫在栽種了馬鈴薯之後，就小心翼翼不讓野草再冒出來。

　　但就在接近馬鈴薯收成的兩個多星期前，農夫發現，連日高溫，讓野草又毫不客氣地冒出頭來了，並且迅速蔓延到整片的馬鈴薯田。

　　「到底要不要再把野草除掉呢？」農夫猶豫不決。「如果除野草，一定會傷到土壤裡的馬鈴薯；如果不除，野草就會搶去馬鈴薯的養分，讓馬鈴薯發育不良。唉！真是兩難。」他為此相當煩惱，不斷向上帝喃喃禱告。

　　那個星期天，農夫去教堂做禮拜，牧師以「麥子和稗

子」來講道。牧師引用耶穌的話說：「讓麥子跟稗子一起長吧，因為你們拔除稗子的時候，恐怕會連麥子也拔掉了。」

農夫於是決定把野草留著。他告訴牧師：「上帝提醒了我，如果現在除野草，恐怕會傷到將熟的馬鈴薯。倒不如留著，讓它和馬鈴薯一起長，反正馬鈴薯快採收了。」

收割的時候到了，卻傳來一則壞消息，全州卡車司機大罷工，僱不到駕駛收割機的司機，馬鈴薯的採收工作要延後了。

然而，馬鈴薯持續留在酷暑燥熱的土壤裡不採收，肯定要被熱壞了。農夫心裡一陣著急。

有一天，農夫憂慮地去察看他待採收的馬鈴薯田。一眼望去，只見田裡覆蓋著整片野草，就像是地毯一般。原來夏暑的燥熱讓野草迅速蔓延滋生，又高又長的野草已經茂盛到綿延一片了。

農夫動手挖了幾顆馬鈴薯，發現野草覆蓋下的馬鈴薯居然保持完好，並沒有被熱壞。原來野草阻絕了日曬的燥熱，提供了蔽蔭，降低了土壤的溫度，馬鈴薯在野草的保護下，得以倖存。

農夫大呼不可思議，他原來視這片野草為敵人，現在竟然成了保護馬鈴薯豐收的恩人。

分　享

朋友！有時不利於我們的敵人，情況改變，卻能成為救援我們的恩人。有時看似麻煩的阻力，卻會意想不到成為有用的助力。

因為上帝幫助義人，有時也用惡人做祂的工具。

我們若能「得饒人處且饒人」，說不定人家在方便的時候，也能對我們「得助人處且助人。」

就像故事裡的農夫，饒了野草，到頭來反而成為意想不到的蔽蔭。如果當時農夫堅持斬草除根，不但可能損壞他的收成，之後也得不到野草的遮陰。

人生旅途中，其實也處處充滿著類似的情景。若你知道絆腳石將來會成為墊腳石，你還會將它挪開嗎？若你知道眼前的阻力將來會成為助力，你還會堅持要消滅它嗎？

面對障礙，何不輕輕閃過就算了，何必太過執著呢？

倘若這人與那人有嫌隙，總要彼此包容，彼此饒恕；主怎樣饒恕了你們，你們也要怎樣饒恕人。

——〈哥羅西書〉三章十三節

Bearing with one another, and forgiving one another, if anyone has a complaint against another; even as Christ forgave you, so you also must do.

——Colossians 3：13

你們站著禱告的時候，若想起有人得罪你們，就當饒恕他，好叫你們在天上的父也饒恕你們的過犯。

——〈馬可福音〉十一章二十五節

And whenever you stand praying, if you have anything against anyone, forgive him, that your Father in heaven may also forgive you your trespasses.

——Mark 11：25

他們就問：「你要我們去把稗子拔掉嗎？」他說：「不必啦！因為你們拔除稗子的時候，恐怕會連麥子也拔掉了。讓麥子跟稗子一起長吧。」

——〈馬太福音〉十三章二十八～三十節

"Do you want us to go and pull them up?" "No," he answered, "because while you are pulling the weeds, you may root up the wheat with them. Let both grow together until the harvest."

——Mathew 13：28-30

討論：

1. 請分析「得饒人處且饒人」及「得理不饒人」兩種不同的人格特質。

2. 如何放棄「得理不饒人」的習慣？

3. 如何做到「得饒人處且饒人」？

19
辨識眞假

英國銀行協會每年都舉辦訓練班，教導銀行職員如何分辨僞鈔。

有一次，請來一位鑑識專家，爲學員們講習。他是鈔票印製廠的工人，盯著鈔票印製已經超過十年。

這名專家鑑別僞鈔的本領讓所有參加訓練的銀行員都非常折服。假鈔經他一摸，或注視一會，就能立刻辨識出哪裡爲假。

一名行員問他：「你研究僞鈔研究多久了？爲什麼一眼就可以看出眞僞？我們經常比對半天都還分不出眞假呢！」

這名鑑識專家卻回答說：「我們並不研究僞鈔啊，印製廠裡接觸的都是眞鈔，我們只研究眞鈔！」

他說：「我們每天要盯著眞鈔好幾個小時，摸的也是眞鈔，早已熟悉它的每個部分。而且在印製前，我們就必須仔細研究鈔票上所有的圖案、每一筆、每一劃，以及每項特色。還要背熟印製過程的每一個細節，這樣才能確保

鈔票印出來的品質。

「我們盯真鈔看久了，只要有人拿偽鈔來，就能一眼看出哪個地方和我們所熟悉的真鈔不同。」

這名鑑識專家訓練銀行員，也要求他們先研究真鈔。他說：「你們務必要讓手指和眼睛習慣真鈔的感覺。那麼一旦遇到假鈔，就會覺得不對勁。那時，即使你們對假鈔一無所知，但就是可以非常確定那不是真鈔。如此習慣成自然，假鈔就難不倒你們了。」

經過這名鑑識專家的分析、講解與訓練，銀行員的鑑識能力果然提升了許多。

一名銀行員就指出，詐騙集團愈來愈猖獗，手法層出不窮；用傳統比對的方式來辨別鈔票的真偽，既傷眼力，效率又不高。唯有採取這名專家的方法，真正認識並熟悉真鈔，才是最簡單有效的根本之計。

分　享

朋友！分辨真假，要先徹底了解真，那麼凡與真不同的，就是假。

小學生學寫字，把對的字練熟，下次碰到錯字，馬上就指

認得出來。

　　坊間詐騙集團手法層出不窮，花樣推陳出新，避免受騙上當，最根本之計，就是將真實、真情、真相搞清楚弄明白；那麼當遇到虛偽不實的事物，就難混淆矇騙。

　　例如，當有詐騙集團佯裝被綁架的孩子來行騙時，只要熟悉自家孩子的聲音，就不易被騙過。當詐騙集團偽稱銀行職員來要求匯款行騙時，只要熟悉銀行正常的作業程序，凡假的，也都逃不過我們的法眼。

　　判斷力，和熟悉程度有密不可分的關係。每個人都有自己熟悉的專業領域，在這領域上的判斷力也必然較高。

　　在真道上明辨是非、判斷對錯也是一樣。

　　愈明白真理，也愈能洞察虛偽；愈清楚正道，也愈能分辨邪魔。

　　當真理與公義在我們心中根深柢固，變成一種牢不可破的習慣，甚至形成我們的第二天性時，一旦碰到負面的、背道的邪惡虛假，我們很自然能憑直覺洞察。

　　分辨是否為真基督徒，也是一樣。

　　當我們愈熟悉耶穌基督的樣式，愈清楚上帝的話語和誡命，也就愈能辨別真正基督徒的品行與行為。

　　要提高判斷力，培養明辨是非的智慧，先熟讀聖經，在真道上紮根吧！

凡只能吃奶的都不熟練仁義的道理，因爲他是嬰孩；惟獨長大成人的才能吃乾糧；他們的心竅習練得通達，就能分辨好歹了。

——希伯來書五章十三～十四節

Anyone who lives on milk, being still an infant, is not acquainted with the teaching about righteousness. But solid food is for the mature, who by constant use have trained themselves to distinguish good from evil.

——Hebrews 5：13,14

我們是屬上帝的。認識上帝的人聽從我們；不屬上帝的人不聽從我們。憑著這一點，我們知道怎樣辨別眞理的靈和謬誤的靈。

——〈約翰一書〉四章六節

We are from God, and whoever knows God listens to us; but whoever is not from God does not listen to us. This is how we recognize the Spirit of truth and the spirit of falsehood.

——1 John 4：6

上帝的道是活潑的，是有功效的，比一切兩刃的劍更快，甚至魂與靈，骨節與骨髓，都能刺入、剖開，連心中的思念和主意都能辨明。

——〈希伯來書〉四章十二節

For the word of God is living and active. Sharper than any double-edged sword, it penetrates even to dividing soul and spirit, joints and marrow; it judges the thoughts and attitudes of the heart.

——Hebrews 4：12

 討論：

1. 如何分辨真基督徒的品行和行為？

2. 你在哪個領域的判斷力最強？哪個領域最弱？

3. 如何提升自己判斷是非對錯的能力？

20
罪與太陽

老師正在講解何謂「自我中心」。他說：凡習慣從自我的角度去看事情，總是想著自己的事，很少想到別人，也很少站在別人的立場想，這就是自我中心。

老師要同學們分組討論：「自我中心的人會表現出何種行為？」

這時候，有位同學的手機響了起來，他抓起手機就大聲地回話：「喂！喂！你是誰？」

對方答：「我啦！」

這位同學又問：「你？你是誰？」

對方又說：「是我啦！」

這位同學說：「你？你到底是哪位？」

對方乾脆說：「你聽不出來嗎？那你猜猜！」

這位同學於是說：「我猜不出你是誰！」

對方無奈地說：「我就是昨天幫你作弊的那位！」

這位同學說：「作弊？不要說出來啦！又沒人看到！」

有些同學笑了出來，老師示意同學們安靜，接手機的

同學也尷尬的結束了通話。

老師問：「剛剛發生的事情，你們可以找出幾種自我中心的行為？」

有一些同學舉起手來。

甲同學說：「這位同學在上課中大聲講電話，吵到別人卻不自知，是自我中心的行為。」

老師點點頭說：「對！『我行我素』、『旁若無人』，是自我中心的行為。」

乙同學說：「那位打電話來又不說自己是誰的人，以為接電話的人就應該知道他是誰，這種行為應該也是自我中心的行為。」

老師說：「沒錯，有點『目中無人』的味道，也算是自我中心。」

丙同學說：「剛剛那通電話講得很大聲，大家都聽到這位同學談到他作弊的事。沒注意到的人算不算自我中心？」

老師說：「這麼明顯的事卻沒注意到，觀察力及敏感度的確太差了。嗯！『視而不見』、『聽而不聞』也是一種自我中心的現象。」

老師問：「還有沒有呢？」

丁同學猶豫地說：「那作弊算不算自我中心？作弊好

像是自己做，和別人無關，這算自我中心嗎？」

老師說：「作弊一定是偷偷摸摸以為沒人看到，但是上帝在天上可都看得很清楚。會作弊的人，就是自我中心到『目中無上帝』、『旁若無上帝』，才敢於去作弊，所以也算自我中心。」

老師走到黑板上去寫了一個字「SIN」（罪），然後把三個字母中間那個字母「I」圈起來。

老師說：「I，就是『我』的意思，把自我擺在中間位置，就是自我中心。可見犯罪就是自我中心的表現。」

老師繼續把字母「I」擦掉，換上另一個字母「U」。

然後說：「我們若把自我中心除去，換上以別人為中心，『U』的發音和『You』一樣，就是『你』的意思，變成以對方為中心，處處能為對方著想，體貼對方的需要，給人溫暖的感覺，那這個字就變成『SUN』，這樣的行為就像什麼呢？」

「像太陽！」學生們異口同聲地說。

分享

朋友！自我中心往往是犯罪的根源，因為自我中心容易縱容私慾，縱容私慾就容易生出犯罪的心。

罪，就是私慾在心中引誘、懷胎、孕育。罪的結果，就是靈命的死亡。

自我中心的人，他的內心因太注意自己，使得天道無處容身；因為太注意自己，極易把良知擠走，任真理荒蕪。就像把天道的種子撒在心田裡，後來世上的思慮及錢財的迷惑一如荊棘般地把天道給擠住了，以致心田無法結出好果子。（〈馬太福音〉13：22）

基督教的人生觀剛好和自我中心的人生觀恰恰相反，是以他人為中心。耶穌基督的特質是愛與憐憫，祂說：「我是好牧人，好牧人為羊捨命。」（〈約翰福音〉10：11）基督教不是利己主義，而是捨己、利他主義。

真正的基督徒勇於為公義奮戰，熱心幫助他人，看在世俗人眼中，有點「多管閒事」。但是《聖經》裡明訓：「你們不要單顧自己的事，也要顧別人的事。」（〈腓立比書〉2：4)又說：「你們要行公義，好憐憫，存謙卑的心，與上帝同行。」（〈彌迦書〉6：8）

　　《聖經》的訓示，目標在於教人努力去除自我中心。因為唯有去除自我中心，才能迎接基督住在心裡，建立以他人為中心的人生觀。

　　當我們習慣以他人為中心，養成關懷別人、體貼助人、熱心公益的行為模式，自然而然就會散發一股馨香之氣，讓人感受到熱情與溫暖，就如同太陽，散放著光和熱。

　　朋友！你願意自我中心，還是願意以他人為中心呢？你選擇向罪靠攏，還是選擇成為太陽呢？

　　但各人被試探，乃是被自己的私慾牽引誘惑的。私慾既懷了胎，就生出罪來；罪既長成，就生出死來。

　　　　　　　　　——〈雅各書〉一章十四、十五節

　　But each one is tempted when, by his own evil desire, he is dragged away and enticed. Then, after desire has conceived, it gives birth to sin; and sin, when it is full-grown, gives birth to death.

　　　　　　　　　　　　　　　——James 1：14-15

　　我是好牧人；好牧人為羊捨命。

　　　　　　　　　　　　　　　——〈約翰福音〉十章十一節

I am the good shepherd. The good shepherd lays down his life for the sheep.

——John10：11

各人不要單顧自己的事，也要顧別人的事。

——〈腓立比書〉二章四節

Each of you should look not only to your own interests, but also to the interests of others.

——Philippians 2：4

討論：

1. 試舉出更多自我中心的行為模式，並自我警醒。

2. 你曾因熱心公益而被批評為「多管閒事」嗎？下次該如何做說明？

3. 試說明以基督為中心（Christ-centered）與以他人為中心（others-centered）的關聯性。

21
我是燈塔

　　一位海軍軍官從小就夢想長大以後可以掌控一艘大軍艦。他的夢想終於達到了。他被授命為一艘驅逐艦的艦長。這艘驅逐艦是整組艦隊中最新、最好的一艘。他意氣風發、志得意滿，覺得非常光榮，有說不出的驕傲。

　　一個暴風雨的晚上，海浪與風雨幾乎遮住了所有的視線，艦長不敢大意，親自跑到艦橋上指揮。

　　這時，他隱約看見遠處有一道燈光，正朝著他靠近。隨著他的軍艦在波濤洶湧的海浪中浮沉前進，那道燈光也在風雨飄搖的海面上起伏閃爍。

　　於是他命令信號兵，打閃光信號給那艘身份不明的船隻：「改變你的航道，向南十度。」

　　幾秒鐘之後，收到回應：「改變你的航道，向北十度。」

　　艦長心想，「對方船隻居然要我讓他，可能不知道我是軍艦艦長。」於是再次下了命令：「改變你的航道十度──我是艦長！」

　　漆黑的海上立刻傳來對方的信號：「改變你的航道十度——我是三等兵傑克森。」

　　這時，那道燈光變得更大更亮了，顯然並未接受艦長的命令。

　　艦長暴跳如雷，心想：「這個三等兵好大的膽子，等我回岸上，一定要重重處罰！」

　　於是親自拿起信號燈，再發出信號：「快改變你的航道，我是驅逐艦！」

　　燈光愈來愈近了，兩艘船艦再不錯開，就會有相撞的危險了。

　　這時，對方也迅速地回應：「快改變你的航道，我是燈塔！」

分　享

　　朋友！我們是不是也常像這名艦長一樣自我中心？屢屢造成判斷失誤？

　　「自我中心」，顧名思義，就是將注意力集中在自己身上，凡事以自己的角度看事情。由於視野不夠寬廣，反而形成盲

點。自我中心弄瞎了我們的觀察力，讓我們對四周的環境反應遲鈍，造成錯估情勢、判斷錯誤的後果。

《聖經》旨在教導我們建立一個破除自我中心的人生觀。將人的注意力從自己身上挪開，而改以天道與人倫為中心，塑造一個全新的生命個體。

謙卑，是破除自我中心的唯一途徑。

《聖經》教導我們要學習耶穌的樣式，因為耶穌是謙卑的典範，他甚至為門徒洗腳。《聖經》也應許我們說，謙卑的人有福了，「凡自己謙卑像小孩子的，他在天國裏就是最大的。」（〈馬太福音〉18：4）

謙卑並不是缺乏自信的懦弱，而是心中有別人，尊重別人的存在，看自己合於中道。反而自我中心的人常因缺乏自信而顯得懦弱，因為他們看不見別人，以為別人都比自己強。

謙卑也不是怕得罪人的鄉愿，而是懂得尊重別人，不自誇、不張狂。反而自我中心的人常因怕得罪人而顯得鄉愿，因為他們只看見自己的利益，不願意為公益而得罪他人。

破除自我中心，學習謙卑，就掌握了通往尊容與恩典之路。

敗壞之先，人心驕傲；尊榮以前，必有謙卑。

——〈箴言〉十八章十二節

Before a downfall the heart is haughty, but humility comes before honor.

——Proverbs 18：12

耶穌說：我心裏柔和謙卑，你們當負我的軛，學我的樣式；這樣，你們心裏就必得享安息。

——〈馬太福音〉十一章二十九節

Jesus said：Take my yoke upon you and learn from me, for I am gentle and humble in heart, and you will find rest for your souls.

——Mathew 11：29

就是你們眾人也都要以謙卑束腰，彼此順服；因爲上帝阻擋驕傲的人，賜恩給謙卑的人。

——〈彼得前書〉五章五節

All of you, clothe yourselves with humility toward one another, because，"God opposes the proud but gives grace to the humble."

——1 Peter 5：5

討論：

1. 你對週遭事物的觀察力與敏感度如何？可以如何提高觀察力與敏感度呢？

2. 你自我中心的程度如何？請為自己評個分數。

3. 謙卑與缺乏自信有何不同？謙卑與鄉愿又有何不同？

22
蛇王與毒蛇

　　耍蛇二十五年，馬來西亞的蛇王阿里汗在二〇〇六年底因為他所養的一條眼鏡蛇而亡。

　　自一九八一年以來，阿里汗一直從事耍蛇表演，並因為他精采的耍蛇技藝而贏得「蛇王」的美譽。他屢次在馬來西亞、新加坡、泰國、印尼等地進行表演，素負盛名。

　　他除了能將劇毒無比的眼鏡蛇玩弄於股掌之間，還能表演令人驚心動魄的「與蛇親吻」戲碼，這也是他的表演節目中的最高潮。

　　阿里汗一生都與蛇為伍，家中養了數百條蛇，包括劇毒的眼鏡蛇和蟒蛇。他經常和蛇一起遊戲、睡覺，每個月花不少錢在蛇身上。他與蛇的關係十分親密，總是親自為蛇打掃環境，並且幫蛇洗澡、清理糞便。

　　他熟諳蛇的習性，知道蛇在何種狀況下會有何種情緒。他懂得為蛇營造最舒適的環境，引導蛇進入最放鬆的情緒，在良好的氣氛下，與蛇親吻。

　　阿里汗家族的耍蛇技藝已經五代相傳，他也訓練兒子

從三歲起就與蛇相處，和蛇玩耍。他們都是蛇最好的朋友，蛇也像他們的家人一樣。

一九九八年，阿里汗曾與六千隻毒蠍子共處在一個密閉的玻璃箱中長達二十一天，創下金氏世界紀錄。之後又與四百條眼鏡蛇共處了四十多天，也創下了世界紀錄。

根據研究，玻璃箱內保持乾燥，溫度穩定，可以讓冷血動物的蛇放鬆。許多條眼鏡蛇交纏在一起，彼此感受到各自的存在，也增加了蛇的安全感。這時只要人安靜低調，就能與蛇相處。毒蛇只有在感到不安全或緊張的情況下，才具有攻擊性。

長時間和蛇在一起，阿里汗也曾經被毒蛇咬傷過，包括三次被眼鏡蛇咬傷，但他每次都靠著草藥及打針過關，都無大礙。阿里汗解釋說：「蛇和其他寵物一樣，也會認得主人。但蛇也和人一樣有情緒，受到驚嚇或被觸怒的時候，也會咬人。」

二〇〇六年十一月，阿里汗在吉隆坡表演時，不幸被一條六公尺長的眼鏡蛇咬中手部。這條蛇是阿里汗剛養了六個月的毒蛇。被蛇咬後，阿里汗只先敷上草藥，並未立刻就醫，等到表演結束，才驅車赴醫院打針。之後又旋即返家，並未住院治療。兩天後，阿里汗突感不適，住進醫院，但是為時已晚。隔天凌晨，終告不治身亡，享年四十

八歲。

　　阿里汗的兒子安查汗說：「父親以前三次被眼鏡蛇咬傷都沒事，這次我們也以為會沒事。」因為之前被蛇咬傷痊癒的經驗，讓阿里汗掉以輕心。

　　阿里汗為何沒能逃過這次的危險？親友認為，這次的表演地點離醫院較遠，降低了阿里汗緊急就醫的意願。同時，阿里汗在兩年前罹患了糖尿病，抵抗力大為減弱，導致蛇毒輕易攻心。

　　阿里汗之死是否會影響兒子安查汗的耍蛇表演事業？安查汗表示，他不會受這件事影響，會繼續飼養那條咬死父親的蛇，照樣會帶牠出來表演。

分　享

　　朋友！害死蛇王的不是蛇，而是他自己的掉以輕心。

　　幸運之神總是與掉以輕心的人擦身而過，並且故意迴避那些把幸運視為當然的人。

　　蛇王與蛇親如家人，他熟諳蛇的性情，懂得如何駕馭蛇而不被傷害，也知道如何防範蛇突發的攻擊。但是愈熟悉、愈親

密的環境，卻愈是陷阱之所在，考驗著人的警覺性與危機處理能力。

之前，上帝給了蛇王三次幸運，但他並沒有珍惜，卻視之為當然，徒任魔鬼乘虛而入，埋下了不幸的種子；這次，上帝又給了蛇王三次機會，但他也沒有把握，依然掉之以輕心，徒任魔鬼猙獰狂笑，生命於是輕輕溜走。

蛇王自知患有糖尿病，免疫力轉弱，卻未能提高警覺在表演場所設立緊急醫護站，錯失了第一個急救的機會；被咬傷之後，又過於大意，未能立刻赴醫院緊急消毒，錯失了第二個急救的機會；表演結束赴醫院診療時，又太過輕率，未能住院做全身檢查，耽誤了病情，錯失了第三個急救的機會。

不知把握上帝所賜的機會，機會就被魔鬼攫走。

謹守誡命的，保全生命；輕忽己路的，必致死亡。
——〈箴言〉十九章十六節

Those who obey instructions preserve their lives, but those who are contemptuous of their ways will die.

——Proverbs 19：16

不可給魔鬼留地步。

——〈以弗所書〉四章二十七節

Do not give the devil a foothold.

——Ephesians 4

要穿戴神所賜的全副軍裝,就能抵擋魔鬼的詭計。

——〈以弗所書〉六章十一節

Put on all the armor that God gives, so you can defend yourself against the devil's tricks.

——Ephesians 6

討論:

1. 請分享你經歷過的幸運事件。

2. 你的環境中是否有看似安全卻可能隱藏了危險的地方?

3. 如何規避你週遭環境中的危險?如何訓練自己對危險的警覺性?

23
自廢武功的部落

在古老的傳說中，有一支原始部落族十分兇猛殘暴。他們個個高頭大馬，力大如蠻牛，猛烈過野獸，即使赤手肉搏，也能擒拿獅子老虎。

在古代的荒原裡，這支部落所向無敵，周圍其他族都不是他們的對手，只得任他們欺凌擄掠，個個俯首稱臣。

這支部落族歷代相傳著一個神祕的傳說：相傳開天闢地的時候，天神賜給這支部落族一份神祕的禮物，就是他們身上天賦異稟的力氣。這股力氣就藏在他們的皮膚上面。

為了不讓這股神祕的力氣消失，他們用污垢來保護皮膚。因此他們從不洗澡，決不讓身體碰到水。只要下雨，他們就躲在山洞裡不出門，非得出門，也必用樹葉遮住身體，絕不讓皮膚碰到水。

部落的長老們從小就不斷告誡族人說：「你們身上的皮膚一旦碰到水，力氣就會消失，到時候全身都會鬆軟，一點抵抗力都沒有。那時如果遇到敵人，肯定敗亡，任人

宰割。」

　　有一天，一個年輕族人不小心把這個祕密說溜了出去，被鄰近的部落知道了。於是鄰近的部落結合其他族群，共同商議攻打這支部落。

　　他們設計了一個方法，把雨水和河水引進山洞。並選了一個雷雨交加的日子，趁這支族人都躲在山洞避雨的時候一起下手。

　　一時間，山洞裡的地面充滿了漂流的洪水，水勢愈漲愈高。山洞外則大雨滂沱，這支族人受到兩面夾擊，動彈不得。

　　當水碰到這支部落族人的皮膚時，洞內傳來一片驚嚇與恐懼的哀嚎，只見這支族人個個像受了催眠，呆若木雞，鬆軟地癱倒在地上，彷彿力氣果真已隨著洪水漂走。

　　其他部落族群趁機發動攻擊，蜂擁而入。令人驚異的是，這些原本驍勇兇猛的族人，居然絲毫未加抵抗，個個應聲倒下，束手就擒。

　　原來，在他們皮膚碰到水的那一刻，他們就相信自己死定了。他們認為，神祕的力氣流逝，再抵抗也沒用了。

分　享

　　朋友！思想產生信仰，信仰發生力量。力量的形成，信，發揮最大的功用。

　　當人堅定地相信一種思想時，那股思想便會像催眠一般在腦裡形成一股力量，這股力量可以主宰人的行動。

　　正面思想如此，負面思想也如此。傳統思想如此，革新思想也如此。迷信的可怕，亦在於此。

　　關鍵就在相信。它會自我催眠、自我暗示、自我洗腦，並呼喚行動相隨。積極正面的相信，引起光明樂觀的情緒，產生具有生命力的行動；消極負面的相信，引起黑暗悲觀的情緒，極可能產生自殺的行動。

　　當負面的思想盤據腦中，牢不可破時，就形成一股黑暗權勢，如詛咒般成為可怕的鎖鏈，驅使著命運走向死亡。正如故事中的這支原始部落族，他們在神祕的傳統迷信催眠下，造成自廢武功的結局。

　　人是由靈、魂、體所組成。靈是指心智、思想、信仰；魂是指喜怒哀樂、七情六慾、情緒；體是指身體及五官感覺。

　　靈可以主宰魂，魂可以主宰體。所以人的思想信仰，可以控制得了喜怒哀樂的情緒，而情緒可以控制得了身體的五官與

腺體分泌。

因此，若要有健康的身體，就先要訓練喜樂的情緒；想常保喜樂的情緒，就要培養堅定的信仰；想有堅定的信仰，就要灌輸自己正確的思想；反之亦然！

而正確的思想從哪裡來？就從天道而來！天道，就是上帝的道；上帝的道在哪裡？就存在聖經裡。

讓我們鍛鍊自己的靈命，將天道牢牢存記於思想中，讓思想形成堅固的信仰，讓信仰發出沛然的力量，以打破任何死亡的詛咒與陰暗的鎖鏈。

　　智慧人的法則是生命的泉源，可以使人離開死亡的網羅。

——〈箴言〉十三章十四節

The teaching of the wise is a fountain of life, turning a man from the snares of death.

——Proverbs 13：14

　　我已經給你們權柄可以踐踏蛇和蠍子，又勝過仇敵一切的能力，斷沒有甚麼能害你們。

——〈路加福音〉十章十九節

I have given you authority to trample on snakes and scorpions and to overcome all the power of the enemy; nothing will harm you.

——Luke 10：19

耶和華是我的力量，我的詩歌，也成了我的拯救。

——〈出埃及記〉十五章二節

The Lord is my strength and my song; he has become my salvation.

——Exodus 15：2

討論：

1. 你心中是否常有負面的灰暗思想？情緒是否受到影響？

2. 你是否曾去算命，然後在自我暗示之下變成一語成讖？

3. 試闡述人的靈（心智）、魂（情緒）、體（身體）之間的關係。

24
撈樹葉

在一個孤兒院的庭院裡,有一棵楓樹,每到秋天,楓葉飄落庭院,紅色黃色的樹葉落滿綠草地,煞是好看。

但是楓樹的旁邊就是孤兒院的游泳池。秋天來臨,楓葉落滿游泳池中,如果不清除,就會污染游泳池,造成蚊蟲肆虐。因此,在秋季時分,孤兒院的院童要負責撈樹葉,直到整棵楓樹的葉子都落光為止。

今年孤兒院分配工作後,丹尼負責清理游泳池。入秋以後,楓葉開始飄落,丹尼必須每天一大早就起來撈樹葉。秋意愈濃,丹尼的工作也愈吃重。

有一次風雨過後,游泳池覆蓋滿了楓葉,丹尼撈樹葉撈得十分辛苦,幾乎讓他上學遲到。

丹尼心想:「如果能兩、三天才撈一次該多好,就不必每天擔心上學遲到了。」

一名院童幫丹尼出主意:「你乾脆在撈樹葉之前先去把樹用力搖一搖,讓枯葉統統掉光,那你第二天就不必撈樹葉了。」

　　於是丹尼和那名院童就猛力地搖樹，把枯葉都搖落在游泳池中，然後一次撈個乾淨。

　　撈完樹葉，丹尼鬆了一口氣，心想：「明天可以輕輕鬆鬆地晚起，既不必撈樹葉，也不怕上學遲到了。」

　　沒想到隔天一早，丹尼伸頭向院子一看，不禁呆住了。整個游泳池一如往常，又覆滿了落葉。夜裡的一陣風，刮起了枯黃的楓葉，飄落在池裡。

　　丹尼氣餒極了。

　　另一名院童幫丹尼出主意：「你乾脆在星期天拿把大剪刀，把所有變黃的樹葉都剪掉，那你一整個星期都不必撈樹葉了。」

　　於是丹尼又和那名院童合力搬了梯子把所有的黃葉剪掉，善後處理弄得他們精疲力盡。

　　隔天一早，丹尼趕快開窗去看，令人沮喪的是，整個池子裡仍然滿是落葉及小樹枝，顯然秋風秋雨一夜就可以把綠葉吹黃。

　　孤兒院的修女安慰他：「有些事情是急不得的，你是沒有辦法期待明天的事在昨天就完成呀！」

　　但是丹尼和幾名院童實在不服氣，趁著夜裡，負氣把整棵樹攔腰砍斷。他們想：「這樣一了百了，永遠不必撈樹葉了。」但是孤兒院漂亮的院子卻被破壞了，少了這棵

楓樹的點綴，院子一片光禿。丹尼有點懊悔，但也來不及了。

隔天修女發現楓樹被砍了，真是又驚又氣，責備他們說：「這棵楓樹是本院的象徵，聖誕節快到了，所有外界要送我們的禮物都會擱在這棵樹下，包括聖誕老公公要給你們的禮物。這下麻煩可大了！」

丹尼和參與的院童都受到了處罰，要負擔更多的清潔工作。但更令丹尼喪氣的是，游泳池仍然覆滿了落葉，丹尼負責撈樹葉的工作並沒有因而減輕。

原來，沒有了楓樹的阻擋，隔壁鄰居的落葉，在一陣風之後，照樣又吹到孤兒院的游泳池去了。

分　享

朋友！在匆匆的人生旅程，你是不是也常因操之過急，結果不但白忙一場，還得不償失？

世間事，有很多是無法提前的，無論今天如何努力，都無法解決明天要面臨的問題。該來的一定會來，而且急也急不來！

天道有常，春夏秋冬，四時運轉。春天無法提前採收夏熟的櫻桃，秋天也無法提早品嚐冬出的草莓。一旦破壞了天道運作的常軌，只會落得一片虛空，徒勞無功。天道有常尚且如此，何況是人生無常？

明天有明天的事，有屬於明天的煩惱，今天一概無法預支，也無從替代。所以為何要為明天的煩惱事先憂愁呢？即使憂愁，又哪能憂愁得完呢？

《聖經》上說：「一天的難處一天當就夠了。」（〈馬太福音〉6：34）又說：「你們又有哪個人能藉著憂慮多活幾天呢？」（〈馬太福音〉6：27）

《聖經》教我們莫憂慮，尤其不該為物質世界而憂慮。像吃什麼、喝什麼、穿什麼，都不應該擔憂，因為上帝承諾會供應我們。只要我們先求祂的國與祂的義，這一切，都將加給我們。（馬太福音6：33）

《聖經》不僅要我們莫為明天憂慮，連今天的憂慮也要全部卸給上帝。「你們要將一切的憂慮卸給上帝，因為祂顧念你們。」（〈彼得前書〉5：7）

這正是交託的功課，凡事交託給上帝！

交託，是信心的表現；表示相信上帝的掌管。交託，也是順服的表現；表示順從上帝的掌管。相信與順服，是人生喜樂的不二法門。

俗謂：「人無遠慮，必有近憂。」這句話是在勸勉世人對未來要善做計畫。既要為未來做計畫，又不可為未來憂慮，其間有沒有衝突？答案是沒有的！

善做計畫是好的，《聖經》的箴言也教我們要殷勤籌劃，不要急躁；（〈箴言〉21：5）但是為未來做計畫，卻不應加入情緒的愁煩；因為計劃歸計劃，要能達成，還是要靠上帝指引道路。所謂：「謀事在人，成事在天！」

所以敬畏天道，仍是一切的根本！

無怪乎聰明的所羅門王要說：敬畏上帝是智慧的開端了。（〈箴言〉9：10）

> 人心籌算自己的道路；惟耶和華指引他的腳步。
> ——〈箴言〉十六章九節
>
> In his heart a man plans his course, but the Lord determines his steps.
> ——Proverbs 16：9
>
> 其實明天如何，你們還不知道。你們的生命是甚麼呢？你們原來是一片雲霧，出現少時就不見了。
> ——〈雅各書〉四章十四節

Why, you do not even know what will happen tomorrow. What is your life? You are a mist that appears for a little while and then vanishes.

——James 4：14

天下萬事都有定期，都有上帝特定的時間。生有時，死有時；栽種有時，拔除有時；……

——〈傳道書〉三章一、二節

There is a time for everything, and a season for every activity under heaven: a time to be born and a time to die, a time to plant and a time to uproot···

——Ecclesiastes 3：1-2

討論：

1. 你對未來是否有做任何計劃？

2. 你是否仍對未來有所憂慮？哪一方面？

3. 你是否相信先求神的國與神的義，上帝就會供應一切物質所需？

25
登 山 家

　　有一名登山家非常喜愛征服群山，尤其喜愛攀爬陡峭的峻嶺。他每次在攀達山頂時，都能夠感受到一股征服者的快感，並爲自己的成就感到十分驕傲。當地的登山團體對他的成就也十分推崇。

　　登山家有一本筆記本，詳細記載了他所征服過的每一座山。數一數，他已征服過二、三十座山了。

　　在每一次登山前，登山家都會先進行詳細的研究與規劃。在他的筆記本裡，記載了每一座山的特徵與屬性，還有登山的詳細路徑。可見他在登山前做了充足的預備，一點都不馬虎。

　　登山家常對年輕的後輩說：「要征服一座山，一定要先弄清楚這座山的狀況。所謂知己知彼，百戰百勝。」他並提醒後輩：「登山設備務必齊全，所謂工欲善其事，必先利其器。」年輕的後輩都非常感謝他的指導。

　　有一天，登山家帶著幾名年輕後輩去攀登一座難度頗高的山，經過細心的籌劃與努力之後，他們成功地攀達山

頂。

　　他們凱旋歸來時，受到了英雄式的歡呼。隨即參加了眾人為他們舉辦的慶功宴，飲酒狂歡，直到深夜才回家。

　　登山家回到了家，大樓管理員開了大門讓他進來，但是當他回到十二樓的家門口，正要開門，卻找不到鑰匙。他翻遍了整個背包，只見那些登山的工具、繩索都還在，就是不見鑰匙。

　　登山家決定拿出他登山攀爬的本領，於是上到頂樓，將繩索一端綁在樓頂，另一端繫在腰上，準備從十六層的樓頂下墜到他位於十二層樓的家的門廊。

　　他心想：「比起那些崇山峻嶺，這實在是小意思！再艱難的山都征服過了，這區區四層樓哪算什麼？」

　　他拿出那條多次陪著他攀登高峰、已經磨損累累的繩索，登山家拍拍繩索，說：「好兄弟，難為你了。我知道你老了，該退休了。出完今晚最後一次任務，明天一定讓你退休！」

　　然而，出乎意外，那條正準備功成身退的繩索，卻在此時承載不住，唏唏嗦嗦地斷裂了。登山英雄從樓頂墜落地面，不幸身亡。

分　享

朋友！危險不一定會失敗，輕敵才會失敗。疏於警戒會造成致命的後果。

俗話說：最危險的地方往往是最安全的。例如那些危險的山峰，只要登山家抱著戒慎恐懼的心情，做好充分的準備與詳細的規劃，再危險的山峰也能讓他成功地征服。

然而，真正的危險，總是隱藏在自認為最有把握的地方。人們面對看似簡單、有把握的事，總是以過於輕鬆的態度來應付，忘記了小心設防的基本動作。故事中登山家會喪命，就在於他的精神鬆懈，輕敵與疏忽。

人們一般最容易精神鬆懈的時刻，往往是緊跟在成功的高峰來臨之後。因為成功的榮耀與歡欣沖昏了頭，讓人不經意就將警覺心拋諸腦後。就造成了所謂的樂極生悲。登山家的疏忽，正是發生在他剛成功地攀越高峰之後。他飲酒慶功，直到深夜。精神鬆懈之下，給了死神可乘之機！

《聖經》教導我們：「要事事警醒，不可放鬆。」（〈以弗所書〉6：18）亦即不論何時何地，即使是跨越成功的高峰，仍然不可放鬆。

失敗，勝不了有能力的人，卻能輕易擊倒鬆懈的人。

所以我們不要睡覺像別人一樣，總要警醒謹守。因為睡了的人是在夜間睡，醉了的人是在夜間醉。

——〈帖撒羅尼迦前書〉五章六至七節

So then, let us not be like others, who are asleep, but let us be alert and self-controlled. For those who sleep, sleep at night, and those who get drunk, get drunk at night.

——1 Thessalonians 5：6-7

免得撒但趁著機會勝過我們，因我們並非不曉得他的詭計。

——〈哥林多後書〉二章十一節

Lest Satan should get an advantage over us. For we are not ignorant of his devices.

——2 Corinthians 2：11

要持定訓誨，不可放鬆；必當謹守，因為它是你的生命。

——〈箴言〉四章十三節

Hold on to instruction, do not let it go; guard it well, for it is your life.

——Proverbs 4:13

討論：

1. 在你的專業領域上，你上一次的失敗是因為能力不足，還是因為鬆懈疏忽？

2. 為什麼精神鬆懈總是緊跟在成功的高峰來臨之後？你是否有過類似經驗？

3. 如何避免自己在最有把握的地方發生疏忽？

26
死亡的約會

有兩個人從年輕時就相偕到都市去做生意，努力打拚之後，各自闖出一片天。

到了退休的年紀，兩人想想也辛苦得夠久了，於是逐漸把生意結束，帶著大把大把的鈔票，準備一起回家鄉養老。

兩人一路走一路計劃著該如何養老。

一個說要蓋一棟豪華別墅，裡面要有全新現代化的設備，可以天天洗按摩澡，舒活筋骨，以便延年益壽；另一個也說要蓋一棟豪華建築，不過是要當成老人院，提供家鄉的獨居老人一起來住，共同養老。他說：「這樣大家有伴，比較熱鬧。」

說著說著，迎面來了一個白鬚老人，手上拿著一面鐘鑼，正在等他們。

他們問老先生說：「你是誰？在等我們嗎？」

老先生說：「是的，我是死神的使者，專門幫人敲最後一聲喪鐘。你們兩個都只剩下三天的壽命。所以，從今天起第三天的黃昏，我會拿鐘鑼到你家門外敲，你們聽到

鐘聲，生命就結束了，就準備去向死神報到了。」

講完後，老人和他白白長長的鬍鬚就消失在天空中。

兩人不禁愣住了，好不容易辛苦多年，賺了錢要享福，現在卻只剩下三天好活。真是太令人悲哀了！

兩人意興闌珊地各自回到了家。

第一個有錢人從此不吃不喝，每天愁眉不展，細數他的財產，心情萬分不捨。心想：「怎麼辦？只剩三天好活！三天能做什麼？」

他就這樣垂頭喪氣，吃不下也喝不下，如同槁木死灰，腦中只盤旋著白鬚老人的話，傷心地等著老人來敲喪鐘。到了第三天黃昏，他整個人已經身心枯萎，奄奄一息了。

白鬚老人終於來了，拿著鐘鑼站在他門外敲響了喪鐘。

他一聽到喪鐘響起，立刻不支倒地，死了。他似乎一直預期著這一刻的來臨，時刻一到，即如預期般應驗死亡的結局！

另外一個有錢人回到家裡，心想：「只剩下三天好活，我一定要動作快一點，才能完成我的宿願：蓋一座老人院貢獻家鄉。要做的事還很多，若不加緊安排，可能會來不及了。」

於是，他找來鄉長、建築師、營造商、裝潢公司、景觀規劃師，甚至醫療器材商，要求他們趕緊做計劃訂預

算。他告訴他們：「我要做出最好的品質，花掉所有的積蓄都在所不惜。」

「有硬體設備還不夠，還要有軟體。」他想，於是繼續計劃，找來醫療護理團隊及社工人員，廣發邀請函給所有孤苦無依的獨居老人。

這些事情讓他忙得不可開交，根本忘記了第三天白鬍老人要來敲喪鐘的事。

第三天，因為他的熱心奉獻，鄉長非常感謝，就在這天下午為他預備了一場大型的感謝茶會，所有鄉親都來向他致謝。茶會後，他也開了一場流水席來回饋，免費宴請貧苦的獨居老人以及所有社工、志工。筵席間真是熱鬧非凡，來往人潮絡繹不絕。

正當這人忙著他熱鬧的筵席時，白鬍老人依約出現了，在他家門外敲響了喪鐘，只是老人敲了好幾聲，等了又等，似乎沒有人聽見，也沒人注意。老人敲了半天，眼看沒人理他，只好走了。

這個有錢人過了好幾天才想起老人要來敲喪鐘的事，納悶地想：「白鬍老人怎麼失約了？難道是詐騙集團來哄騙我的？」

就這樣，他迷迷糊糊地告別了死亡的約會，延續了陽壽。

分　享

朋友！預期心理正在指引我們的命運，形成我們的宿命！

癌症病房可以證實：預期自己痊癒的，比預期自己死亡的，存活率高得多。

預期痊癒者，求生意志高昂，懷抱希望，大大提升了治療的效果。預期死亡者，自己先判自己死刑，醫療效果大打折扣。

思想決定命運！悲觀的想法帶來黑暗的命運，因為他們自己主動向死神繳械！樂觀的想法帶來光明的命運，因為他們自己主動向死神說再見！

故事裡的兩個人做了很好的對比。悲觀的人，心思老在自身的悲哀上打轉，消極的預期讓他主動向死神繳械；樂觀的人，心思則放在為別人付出，意外地讓他向死神說了再見。

是什麼力量讓命運轉向，改變原有的軌道，從黑暗轉向光明？

其中關鍵之鑰就在於付出。

由於為別人付出，所以無私；由於無私，所以忘我；由於忘我，所以跳開了原來的自我預期，掙脫了宿命的捆綁。等於打造了另一個靈命的新磁場。

正如故事裡忙著為家鄉奉獻的有錢人，心向公益，渾然忘我，就跳脫了原來的宿命，展開復活生命的新旅程。

建立一個以付出為導向的人生觀及生活模式，可以迎接積極與光明，揮別黑暗的權勢，打敗死亡的陰影，使人獲得復活的新生命。

讓我們在絕望的時候，想想這個故事，轉念之間，重新開始一個新磁場，重燃信心與盼望！

凡想要保全生命的，必喪掉生命；凡喪掉生命的，必救活生命。

——〈路加福音〉十七章三十三節

Whoever tries to keep his life will lose it, and whoever loses his life will preserve it.

——Luke 17：33

只是不可忘記行善和捐輸的事；因為這樣的祭，是神所喜悅的。

——〈希伯來書〉十三章十六節

But do not forget to do good and to share, for with such sacrifices God is well pleased.

——Hebrew 13：16

你們哪一個能用思慮（憂慮）使壽數多加一刻呢？

——〈路加福音〉十二章二十五節

Who of you by worrying can add a single hour to his life？

——Luke 12：25

討論：

1. 基督教對死亡的觀念為何？請分享你對死亡的看法。

2. 如何建立以付出為導向的生活模式？

3. 如何關懷瀕臨死亡者或絕症患者？如何給予協助？

27
聰明的少主

有一個富翁得了重病，知道自己不久人世。

他唯一的兒子正在遠地做生意，顯然無法在臨終前見他一面，看樣子是無法親手將遺囑交到兒子手上了，只能交給身邊的僕人，令他轉交給兒子。

但是富翁擔心僕人在他死後會侵吞財產，變賣他的家當然後逃走，根本不通知兒子他的死訊，那富翁的所有心血豈不都付之東流？

於是富翁立了一個遺囑，吩咐僕人在他死後一定要將遺囑交到他兒子手上。遺囑上說：「我的兒子僅可從財產中先選擇一項，其餘的皆必須送給我這忠心的僕人。」

僕人一看遺囑，很是欣喜，等富翁斷了氣，僕人就隆重地為富翁辦了喪事，並動身到遠地去尋找主人的兒子。

富翁的兒子知道父親過世，很是悲痛。僕人又交給他這份寫得不清不楚的遺囑，兒子一下不知所措。

經過長考，兒子隨著僕人回到了家鄉，終於做了一個決定。

他鄭重地召集鄉里士紳聚在一起，當眾宣布說：「我想清楚了，今天就針對我父親的遺囑，選擇一樣財產。我決定了，我選擇的財產就是我父親這位忠心耿耿的僕人，因為他是我父親財產中最可貴的一項。」

僕人一聽，真是感激涕零。不但感謝小主人的知遇之恩，從此更盡心盡力地服侍小主人，忠心幫他管理家產，博得鄉里的稱讚。

主人的兒子則仍舊回到遠地做生意，把父親留下的家產悉數委託給這位僕人管理。僕人在家鄉成了知名的好管家，獲得鄰居街坊的讚許與肯定，人人都知道這個僕人很得主人的賞識，也都知道他所管理的產業並不是他私人的，而是屬於他的主人。主人雖然很少回鄉，但眾目睽睽之下，僕人即使有心想侵吞主人財產，也下不了手了。

分　享

朋友！聰明的人會做出聰明的選擇：選擇了一項，就得到了全部。

這正是《聖經》闡述的基本精神：選擇了耶穌基督，就得

到了天國的全部。耶穌說：「若不藉著我，沒有人能到天父那裡去。」

故事中的主人與僕人之間，其實信任度原是不夠的，所以主人故意設計了一份遺囑，給了僕人極大的誘因：如果僕人服從主人的指示，極可能獲得大筆財產；如果他選擇叛逃，則可能被終生追緝。僕人在衡量利弊得失之餘，當然選擇服從主人的指示。

少主與僕人之間也是一樣，信任度並不夠。但聰明的少主也故意設計了一個環境，在眾人見證下給了僕人極大的尊榮，降低了僕人叛逃的可能性。如果僕人服從少主，即可享一生的榮華富貴及尊榮肯定；如果僕人想捲款逃走，在眾目睽睽之下，並不容易得逞。即使僥倖得逞，也必須付出極大的代價，還可能背負一世的臭名。

這對聰明的主人父子，對信任度不夠的人，懂得主動展現信任，終於贏得對方的信任。

信任，就像拋磚引玉，一旦拋出，往往得到更多信任的回饋。

《聖經》的道理也是一樣，當人們選擇相信耶穌基督，上帝也會回報以信任，讓人們因信稱義，做天父的兒女，享受一切神國的美好。

　　耶穌說：「我就是道路、真理、生命；若不藉著我，沒有人能到父那裏去。」

　　　　　　　　　　　　——〈約翰福音〉十四章六節

Jesus answered, "I am the way and the truth and the life. No one comes to the Father except through me."

　　　　　　　　　　　　——John 14：6

　　上帝愛世人，甚至將他的獨生子賜給他們，叫一切信他的，不致滅亡，反得永生。

　　　　　　　　　　　　——〈約翰福音〉三章十六節

For God so loved the world that he gave his one and only Son, that whoever believes in him shall not perish but have eternal life.

　　　　　　　　　　　　——John 3：16

　　我們既因信稱義，就藉著我們的主耶穌基督得與上帝相和。我們又藉著他，因信得進入現在所站的這恩典中，並且歡歡喜喜盼望上帝的榮耀。

　　　　　　　　　　　　——〈羅馬書〉五章一、二節

> Therefore, since we have been justified through faith, we have peace with God through our Lord Jesus Christ, through whom we have gained access by faith into this grace in which we now stand. And we rejoice in the hope of the glory of God.
>
> ——Romans 5：1-2

討論：

1. 如果你是老闆，面對一個忠誠度並非百分之百的員工，你要如何管理？

2. 如果你對配偶的信任度不夠，你又將如何處理？

3. 請分析主人父子的聰明策略，其利弊得失的考量原則如何？

28
船長在哪裡？

　　有一個年輕的海軍士官，正準備進行他首次的海上勤務，他負責指揮一艘軍艦「起航」，就是將軍艦駛離碼頭，開進海裡。

　　年輕士官非常興奮，希望他首次的勤務能表現良好，藉機展現一下他駕馭軍艦的能力。

　　他士氣昂揚，態度積極專注，連續幾個清晰的口令及動作，就俐落地將軍艦迅速駛離了碼頭，開進指定的航道。

　　碼頭上響起一陣掌聲，都稱讚他動作靈敏，表現優異，在最短的時間就能讓一艘笨重的軍艦起航，可說創紀錄了，實在不簡單！

　　這個士官也很得意，頗為沾沾自喜。

　　正當他洋洋得意，頻頻向碼頭上的觀眾揮手致意時，一名水手向他走過來，說：「艦長找你！」

　　他以為艦長召他去是要嘉獎他優異的表現，正準備動身往艦長室去。但水手卻遞過來一封訊息，那是透過無線

電從岸上發過來的。

那是艦長所發的電報，「恭喜你漂亮完成你的首演！動作完全合乎標準，迅速達成任務！只是匆忙中，你違反了一項規定：開船前務必先確定船長已經上船！」

士官抬頭一看，那位正在碼頭上向軍艦招手的，不正是艦長嗎？士官羞愧得無地自容。

分　享

朋友！在你生命之船上，是否確定船長已經上船，與你同行？

人生沒有方向，就像船沒有舵一樣；掌舵的船長不在，即便是一帆風順，仍然茫茫沒有目標，失去人生的意義。

一艘船若交給英明的船長掌舵，不但可以找到方向目標，還可以發揮無窮的潛力，做出最大的貢獻。人生不也一樣嗎？

《聖經》上有個故事：有一次耶穌和門徒在船上遇到暴風雨，耶穌當時正在睡覺，門徒見風雨很強，甚是害怕，就去搖醒耶穌。耶穌對門徒說：「小信的人哪！為什麼害怕？」就起身斥責風和雨，風雨果真就平息了。（〈馬太福音〉8:24-26）

《聖經》上還講了另一個故事，有次耶穌坐在門徒西門的船上，他們已整夜捕魚毫無所得。耶穌指示他們再撒網，他們依從了，結果捕獲整船的魚，差點把漁網撐破了。〈路加福音5：5-7〉

人生旅途，如果有像耶穌這樣的船長同行，不僅不必害怕暴風雨，還可以撒網捕魚大豐收！

像這樣的船長，可別忘了讓他上船呀！

西門說：「夫子，我們整夜勞力，並沒有打著甚麼。但依從你的話，我就下網。他們下了網，就圈住許多魚，網險些裂開，便招呼那隻船上的同伴來幫助。他們就來，把魚裝滿了兩隻船，甚至船要沉下去。」

——〈路加福音〉五章五～七節

Simon answered, "Master, we've worked hard all night and haven't caught anything. But because you say so, I will let down the nets." When they had done so, they caught such a large number of fish that their nets began to break. So they signaled their partners in the other boat to come and help them, and they came and filled both boats so full that they began to sink.

——Luke 5:5-7

海裏忽然起了暴風，甚至船被波浪掩蓋；耶穌卻睡著了。門徒來叫醒了他，說：主阿，救我們，我們喪命啦！耶穌說：「你們這小信的人哪，為甚麼膽怯呢？」於是起來，斥責風和海，風和海就大大地平靜了。

——〈馬太福音〉八章二十四～二十六節

Without warning, a furious storm came up on the lake, so that the waves swept over the boat. But Jesus was sleeping. The disciples went and woke him, saying, "Lord, save us! We're going to drown!" He replied, "You of little faith, why are you so afraid?" Then he got up and rebuked the winds and the waves, and it was completely calm.

——Mathew 8：24-26

討論：

1. 有方向的人生與隨波逐流的人生有何差別？

2. 你的生命之船，是否已有掌舵者？還是仍然隨波逐流？

3. 在你過去的歲月中，是否曾因目標不明確，白走了許多冤枉路？

29
堤防和小螃蟹

　　海邊的沙灘旁，一條長長的堤防靜靜地躺在那兒。無論風吹雨打，日曬雨淋，似乎都無法改變他的強壯。

　　沙灘上，小螃蟹不時搔首弄姿，橫行無阻。她總是從堤防身邊輕輕搖身擺裙而過，向著堤防猛拋媚眼。

　　禁不住小螃蟹的勾引與誘惑，堤防哥終於墜入情網，愛上了螃蟹妹，忘記小螃蟹原是他老朋友沙灘的情人。堤防要求小螃蟹做他的情人，小螃蟹欣然答應了，一跳跳到堤防哥的懷裡，兩人卿卿我我。

　　沙灘十分吃醋，小螃蟹妹本來是跟他要好的，還曾住在他的沙坑裡。不料現在移情別戀，改向堤防投懷送抱。沙灘哥失戀之餘，跑去向南風姐姐哭訴。南風把沙子吹得漫天飛揚，迷了所有談戀愛人的眼。

　　小螃蟹住進了堤防的家，在堤防的心上打了一個洞，撒嬌地說：「你比沙灘強壯多了，住你這裡可以遮風避雨，讓我好有安全感！」

　　堤防被愛情遮蔽了眼，被甜言蜜語迷昏了頭，任由小

螃蟹在他心口爬進爬出，把她的勢力範圍愈擴愈大。

沙灘以老朋友的身分提醒堤防：「小螃蟹不是好情人，怎麼在你心口打洞呢？你也太縱容她了吧！」

堤防聽不進去，冷笑說：「老弟，你別忌妒我了，以我這樣長得像龍一樣的身軀，打一個洞又算得了什麼？我為情人提供一個遮風避雨的所在，你又吃什麼醋？」

小螃蟹於是有恃無恐，在自家旁邊又打了一個洞，把父母也接過來住。接下來，她又把兄弟姊妹接過來住。兄弟姊妹們又各自在堤防上為自己鑿了安居的洞，把家眷、姻親都接過來了。

堤防發現自己身上到處是坑洞時，已經來不及了。

一陣海浪打過來，強壯的堤防終於垮掉了！

分　享

朋友！愛情容易迷了人的眼，昏了人的頭；若任愛情啃噬心靈，背棄真道，生命只有走上傾頹一途。

《聖經》中警戒人不要涉入不正常的愛情，不要被美色誘惑，不要受秋波勾引，不要踏入甜言蜜語的陷阱。要遠避蕩婦

和外遇，因為不被上帝祝福的關係不但不能持久，還會帶來禍害。就像在懷裡藏火，終要燒掉衣裳；在炭火上行走，腳終將被灼傷。（〈箴言〉6：24-28）

《聖經》也提醒我們，這世界上有三樣事常會絆倒人，就是肉體的情慾、眼目的情慾，和今生的虛榮驕傲；能逃過這些誘惑者幾希！唯有時刻警醒，持守真道，經常幫自己打預防針，才能獲得免疫力。（〈約翰一書〉2：16-17）

人的毀壞，生命的傾頹，往往從「心」開始；然後一點一點地吞噬。虛榮的誘惑、情慾的試探，也是從心開始，從「動心」、「怦然心動」的感覺出發；然後迷了眼、昏了頭，終至一敗塗地。

讓我們在遇到令人怦然心動的事物時，能夠立時回歸真道，用天理和良知先行檢驗；確定不是陷阱，再勇往前行也不遲。

凡世界上的事，就像肉體的情慾、眼目的情慾，並今生的驕傲，都不是從父來的，乃是從世界來的。這世界和其上的情慾都要過去，惟獨遵行上帝旨意的，是永遠常存。

——〈約翰一書〉二章十六、十七節

For all that is in the world—the lust of the flesh, the lust of the eyes, and the pride of life—is not of the Father but is of the world. And the world is passing away, and the lust of it; but he who does the will of God abides forever.

——1John 2：16-17

你要保守你心，勝過保守一切，因為一生的果效是由心發出。

——〈箴言〉四章二十三節

Above all else, guard your heart, for everything you do flows from it.

——Proverbs 4：23

討論：

1. 什麼樣的愛情才會蒙上帝祝福？
2. 如何分辨「砰然心動」是良性的愛慕，還是誘惑的陷阱？
3. 不正常的婚外情後果如何？

30
婦人撞鐘

有一名婦人素來喜歡貪小便宜，每次買東西，一定殺價去零頭；每逢上市場買菜，也必定要求菜販順便附送一把蔥。

有一天，婦人和友人一行去旅遊，他們來到一個觀光勝地，是一座香火鼎盛的寺廟。大多數遊客都會趁機燒香祈福，婦人也不例外。她雖然不信，但「不求白不求」。

祈福完畢，走出寺廟大門，婦人見到外面有一口巨大的古鐘，匾額寫著「祈願鐘」。許多人正在排隊等著撞鐘祈願，據說很靈。

婦人問明價錢，每撞鐘祈願一次需三元，可以撞三下。守鐘人說：「撞第一下祈身體健康，撞第二下祈諸事平安，撞第三下祈財源廣進。」

婦人於是掏出三元給守鐘人，排隊等著撞鐘。

輪到婦人撞鐘了。她拿起木條向著大鐘撞去。真不愧是一口名鐘，聲音清晰而宏亮，聽在耳中異常飽滿。

婦人一邊撞鐘一邊唸著：「一求身體健康，二求諸事

平安，三求財源廣進。」

撞完鐘也唸完祈願之詞，婦人正要把木條放下，一時貪小便宜的心理又發作了：「付三下的錢，就給他撞四下又怎麼樣，他也對我莫可奈何！」

於是她把木條又往大鐘撞下去，撞了第四下。

別人撞三下，她撞四下。她想：「這回可多賺了一下。」

正在思索撞第四下要求什麼的時候，守鐘人探過頭來對她說：「祈願鐘只有撞三下的，哪有人撞四下？」

婦人不解，問說：「這怎麼說？」

守鐘人答說：「這裡是寺廟，撞第四下就表示四大皆空了！」接著解釋說：「你好不容易撞了三下祈了願，這下把前面祈的願都『空』掉了，豈不是白撞了嗎？這種便宜可貪不得呀！」

婦人只能悔不當初。

分　享

　　朋友！貪小便宜最划不來，因為小貪難致富，但卻能一輸輸光光。

　　俗話說：「小貪鑽雞籠！」意指貪小便宜吃大虧。小小的貪念興起容易，也常讓人誤以為不傷大雅，以為偷雞不著，不過是蝕把米而已；然而，若不小心，有時候也會遭致四大皆空，瞬間轉眼成空的嚴重後果。

　　最明顯的例子是坊間的金錢遊戲。在訊息萬變的證券投資市場，投資人往往只不過是想求得比銀行利息高一點的利潤，但若不慎選到即將下市的爛股，極可能一夕血本無歸，所有投資全成泡影。令人後悔莫及。

　　貪，是萬惡的根源。貪心，就阻擋了良心。人受貪的引誘，就容易離開真道，很難止住不犯罪。小貪，只要有機會讓它長大，必成大貪。小貪如果不加節制，往往會像星星之火燎原一般，點燃心中無限的貪婪。

　　當心中的貪慾蠢蠢欲動，只要外界一點點誘惑，就能引動犯罪的火苗。可見犯罪的陷阱，是從人心中的貪慾發動。與外界的引誘一拍即合。

　　要防止貪念，最好的方法就是把聖靈接到心裡居住。聖靈

是良知的好導師，會隨時喚起良知跟隨，在關鍵的時刻，得以避免誘惑。

《聖經》也理解人性的軟弱，容易受到誘惑，所以耶穌勉勵信徒要警醒：「總要警醒禱告，免得入了迷惑。你們心靈固然願意，肉體卻軟弱了。」（〈馬太福音〉26：41）

心志不堅的人容易受到誘惑；沒有堅強的道德信念，難以抵擋誘惑。《聖經》上說：「人的生命不在乎家道豐富。」唯有不斷將這樣的聖訓存於心中，建立正確的人生觀，從內心深處對錢財淡泊，才能抑制貪慾，排除誘惑。

貪，既是誘惑，也是考驗。誘惑與考驗本來就是一體之兩面。空，是犯罪的結果，也是慾求的幻滅。

讓我們記取四大皆空的教訓，時時警醒，通過貪婪的考驗，保有聖潔的人生。

於是對眾人說：「你們要謹慎自守，免去一切的貪心，因為人的生命不在乎家道豐富。

——〈路加福音〉十二章十五節

Then he said to them, "Watch out! Be on your guard against all kinds of greed; a man's life does not consist in the abundance of his possessions."

——Luke 12：15

心中貪婪的，挑起爭端；倚靠耶和華的，必得豐裕。

——〈箴言〉二十八章二十五節

A greedy man stirs up dissension, but he who trusts in the Lord will prosper.

——Proverbs 28：25

但那些想要發財的人，就陷在迷惑、落在網羅和許多無知有害的私慾裏，叫人沉在敗壞和滅亡中。貪財是萬惡之根。有人貪戀錢財，就被引誘離了真道，用許多愁苦把自己刺透了。

——〈提摩太前書〉六章九、十節

People who want to get rich fall into temptation and a trap and into many foolish and harmful desires that plunge men into ruin and destruction. For the love of money is a root of all kinds of evil. Some people, eager for money, have wandered from the faith and pierced themselves with many griefs.

——1 Timothy 6：9-10

討論：

1. 你買東西時是否會斤斤計較，外加貪小便宜？

2. 喜歡殺價是否容易養成貪小便宜的習慣？

3. 請分享自己或別人貪小便宜吃大虧的經歷。

31
年輕動作快

　　有一個年輕人，常常在停車場上和別人搶車位。明明看到即將空出的車位後面已經有人在等候，他也不管，硬是毫不客氣地搶先停進去，惹得後面原本等停車位的人十分生氣，卻也對他無可奈何。

　　由於每次搶車位都十分順利，年輕人愈來愈得意，也愈來愈囂張。尤其看到駕駛是老人或女人時，更是毫不猶豫地搶停。

　　有一天，在一個擁擠的購物中心的停車場上，一名女士開著一輛高級轎車，耐心地等著停車位。她看到有人提著購物袋走向車子，就跟在那人後面，準備等那人離開，去停他的位子。

　　當車位空出，這名女士正要去停時，年輕人又駕著他的小跑車，從對向快速地擠了進來，搶走了那個剛空出來的車位。

　　這名女士非常惱怒，從她的高級大轎車裡向剛下車的年輕人吼著說：「喂！這個位子是我先在這裡等的。你怎

麼可以這樣？」

年輕人看了她一眼，囂張地回答說：「抱歉！這位女士！當你又年輕、動作又快的時候，就是這樣！」

這名女士氣極了，當下立刻踩了油門，朝年輕人剛停好的跑車撞過去。

這下子換年輕人氣得跳腳，跑到女士面前大吼道：「你這是在幹什麼？你怎麼可以這樣？」

坐在高級轎車裡的女士悠閒地回答說：「嗯，年輕人！當你又老又有錢的時候，就可以這樣！」

分　享

朋友！年輕就是本錢，動作快也是一種優勢；但若濫用、誤用，甚至囂張地誇示，最後吃虧的還是自己。

年輕有許多特質，但血氣之勇、暴虎馮河皆不足取。倚仗年輕，自恃而驕，就將如俗話所說：夜路走多了，必然遇到鬼。濫用年輕，就像井底之蛙，不知天高地厚。

對長者無禮，對弱者無情，必屬狂妄愚昧之徒；這樣缺乏智慧，終有一天難逃自食惡果的下場。

　　故事中這名女士的報復行動固不足取，但能給囂張的年輕人一點小小的教訓，也不啻大快人心。

　　其實，在我們週遭的世界裡，類似的爭執每天不斷在上演。面對這些小小的紛爭，最佳的處理方式還是：「忍一時風平浪靜，退一步海闊天空」。

　　年輕人的狂妄囂張固然得到教訓，然而這位女士逞一時之快，也必須負擔所有的損害賠償。

　　大費周章，只為了爭一口氣，恐怕還是得不償失！

智慧人懼怕，就遠離惡事；愚妄人卻狂傲自恃。

——〈箴言〉十四章十六節

A wise man suspects danger and cautiously avoids evil, but the fool bears himself insolently and is presumptuously confident.

——Proverbs 14：16

惡人必被自己的罪孽捉住；他必被自己的罪惡如繩索纏繞。

——〈箴言〉五章二十二節

The evil deeds of a wicked man ensnare him; the cords of his sin hold him fast.

——Proverbs 5:22

事情的終局強如事情的起頭；存心忍耐的，勝過居心驕傲的。

——〈傳道書〉七章八節

The end of a thing is better than its beginning; The patient in spirit is better than the proud in spirit.

——Ecclesiastes 7：8

討論：

1. 年輕有何本錢與優勢？該如何善用而非濫用？

2. 如果身處中年而富有，該如何利用？

3. 面對年輕人的魯莽與衝撞，你能夠忍住不發脾氣嗎？試分享你的經驗。

32
不 搭 調

　　小陳和十三歲的兒子在百貨公司外人行步道旁的座椅上休息，等候正在百貨公司購物的太太和女兒。

　　小陳和兒子東南西北聊著天，聊學業，也聊女人。

　　這時，遠遠走來一位窈窕女郎，飄著一頭長髮，穿著露肚臍的上裝及超緊身迷你短裙，打扮時髦火辣，青春洋溢。

　　小陳禁不住吹了一聲口哨，對兒子說：「美女來了！」

　　兒子仔細瞧了一下，皺起了眉頭，說：「醜死了！」

　　小陳正要辯駁，突然看見那位美女的臉，嚇了一跳。那張臉不但皺紋佈滿額頭、眼角，連脖子也露出明顯的皺紋。顯然已經不再年輕，是位中年女士了。

　　兩人的目光隨著女郎移動。女郎的背影，因她時髦的裝扮與苗條的身材，看起來的確十分青春美麗。

　　小陳有點不服氣，說：「不管她臉孔，起碼她身材不錯。」

　　這時，只見迎面走來一對年輕男女，推著娃娃車，走

向那名女郎，對著她叫「媽媽」，並示意娃娃車裡牙牙學語的小孩呼喚女郎叫「奶奶」。

小陳和兒子同時皺起了眉頭，顯然這位女士已然是祖母級了，難怪滿臉皺紋。歲月的風霜，擋也擋不住。

「這樣露著肚臍的老祖母，會不會令兒孫倒胃口啊？」小陳心裡暗想：「一張皺皺祖母的臉，配上迷你裙的少女裝，還真不搭調呀！」

兒子在一旁撇了撇嘴，說：「爸！你的審美眼光有問題耶！她怎麼算美女？奶奶比她漂亮多了！」

「如果奶奶穿露肚裝或迷你裙上街，你想，還會有人說她是美女嗎？」兒子說：「我要是那個女人的孫子啊，一定躲起來假裝不認識她！」

小陳想起自己的母親，大家都讚她是「時尚美女」。每次和小陳出門，母親還常被誤認為是小陳的姐姐。但母親總是打扮合宜，穿著適合自己年齡的服裝，在兒女及孫子們的眼中，母親就像英國伊麗莎白女王一樣，永遠端莊美麗。

小陳拍拍兒子的肩膀，「嗯！兒子！你是對的！爸爸同意你的看法！奶奶比她漂亮多了！」一邊想著：原來，漂亮不在乎青春時髦，在乎的是裝扮合宜。

分　享

朋友！青春時髦的打扮，如果與年歲不符，就顯得突兀。突兀不但算不上美，反而給人不搭調之感。

美並不在乎年齡，只要裝扮合適，就是美。因為均衡、合宜就是美！

即使是滿臉皺紋的老太太，像英女王伊麗莎白或崇尚公益的影星凱瑟琳赫本，她們雖有多皺紋的臉龐，但因舉止裝扮合宜，依舊美麗，吸引眾目。人們投注的目光，不僅是欣賞，還有敬愛與尊榮。

時尚雜誌《Vogue》在出版的「魅力」特刊中就說：「魅力與怎麼穿有關，與穿什麼無關。」

故事中的老太太，是皺紋滿臉的祖母，但仍裝扮如青春少女，顯示出她心態上的不健康。這種對外貌的「不服老」，充分流露出她對自己的缺乏自信。

有人說：「自信的女人最美！」裝扮合宜，舉止適當，就自然流露一股自信的風華，這樣的女人最美。

《聖經》中多次提到「合宜」，勸人要做合宜的事。合宜，正是信心的表現。

我說這話是為你們的益處，不是要牢籠你們，乃是要叫你們行合宜的事，得以殷勤服事主，沒有分心的事。

　　　　　　　　　　　——〈哥林多前書〉第七章三十五節

I am saying this for your own good, not to restrict you, but that you may live in a right way in undivided devotion to the Lord.

　　　　　　　　　　　　　　——1 Corinthians 7：35

我憑著所賜我的恩對你們各人說：不要看自己過於所當看的，要照著神所分給各人信心的大小，看得合乎中道。

　　　　　　　　　　　　　　——〈羅馬書〉第十二章三節

For I say, through the grace given unto me, to every man that is among you, not to think of himself more highly than he ought to think; but to think soberly, according as God hath dealt to every man the measure of faith.

　　　　　　　　　　　　　　——Romans12:3

討論：

1. 分享你的審美眼光，舉例說明欣賞的代表人士。

2. 你認為青年、中年、老年各種年紀的服飾該怎麼穿才屬合宜？

3. 請舉例說明團體生活中不合宜的舉止行為，並請說明要如何自我警醒。

33
不一樣的過年

又是農曆過年。

吳桑是一家貿易公司的經理，今年公司發的年終獎金不錯，可以過個好年。

「吳經理！預祝你今年有個不一樣的過年！」同事們放假前向吳桑拜早年。

「唉！不一樣？我們家不可能啦！都十幾年了！」吳桑想起過年，真沒什麼勁。

每年除夕，吳桑和兄弟們都會到大哥家和母親一起過年。女眷們都擠在廚房準備年菜，男士們則擺起牌桌打麻將，總要打個通宵達旦，美其名叫「守歲」。

近年，除夕夜的團圓飯流行買現成的年菜，廚房的事變簡單了，於是女眷們也加入打麻將的行列；孩子們則窩在書房裡打電動。年年皆如此，毫無變化！

除夕一大早，吳桑就到菜市場去買紅包袋及禮品，並催促著太太及孩子打點，好赴大哥家過年。吳桑問：「我們幾點出發呀？」

吳太太嘆口氣說：「別那麼早去吧！我不喜歡打麻將，又不好意思不上場。」

　　太太的話正中吳桑的心聲。他也不喜歡打麻將，一年才打這麼一次，牌技生疏，毫無樂趣可言。但是過年嘛，一家人要團聚，不打麻將，該做什麼好呢？

　　孩子們也在旁邊出聲了：「就是嘛！每年都這樣，好無聊喔！可不可以不要去呀？我寧可在家吃泡麵！」

　　吳桑說：「別亂想了，不去是不可能的！反正我買東西回來就出發吧！」

　　除夕上午的菜市場真是人山人海，擠得水洩不通。吳桑信步走到巷內。

　　忽然，他聽到一陣小提琴聲，如泣如訴，流露著些許憂傷。哀怨的琴音壓過了後面市場的人聲鼎沸。

　　吳桑心想：「什麼人把音響開那麼大聲？過年放這種音樂實在不合時宜。」

　　突然，他看到一個瘦弱的少年正在拉琴，面前立著一張紙板：「小提琴出售」。

　　吳桑仔細一看，那不是兒子的小學同學緯立嗎？

　　緯立和吳桑的兒子小時候曾一起學小提琴，兒子後來沒興趣放棄了，但是緯立很有音樂天份，進步很快，經常參加比賽及表演，聽說還得過許多獎。

　　緯立當時都是由母親接送。緯立的母親長得漂亮秀氣，聽說會彈鋼琴。不過後來吳桑碰到她，是在小吃店，她在那邊打工，那雙彈鋼琴的手變成了拿抹布和洗碗的手。聽說他們家裡出了狀況，緯立的父親到中國大陸工作，從此不知下落。緯立只得與母親相依爲命。

　　緯立看到吳桑走過去，停止了拉琴，恭恭敬敬地喊了聲：「吳伯伯！」

　　吳桑問：「你把琴賣了，以後都不拉琴了嗎？」

　　緯立憂傷地說：「媽媽出車禍，暫時不能工作了。住院的醫療費用花掉我們家所有的積蓄。醫生要媽媽每星期回醫院復健，可是媽媽沒錢去。我也沒心情拉琴了！」

　　吳桑看到緯立眼角閃過一絲淚光，在冬天微弱的陽光下，顯得無力又無奈。吳桑立刻說：「那別賣給別人，吳伯伯買下了。」說完，立刻掏錢買下了琴。

　　回到家，吳桑把這件事向太太和兒子說了。兒子幽幽地嘆口氣：「緯立這個年一定很難過。小提琴像他的生命耶！」

　　「那天訓導主任來通知緯立說他媽媽車禍送醫院，他急得都哭了。我們班同學看到他哭，好幾個也跟著哭呢！」兒子說。

　　「如果不是遇到困難，怎麼捨得賣琴？」吳桑眼前又浮

起緯立眼角的淚光。

　　吳桑的太太聽到丈夫和兒子的敘述，建議說：「那我們今年邀請緯立跟我們一起過年好不好？我們不要打麻將，來開個音樂會好不好？」

　　她的建議獲得全家一致的歡呼。於是吳桑的太太偕同兒子去邀請緯立。

　　他們按了緯立家的門鈴，緯立出來開門，眼睛紅紅的，像是剛哭過。緯立的母親拄著枴杖從後面跟過來，她的眼睛也紅紅的。

　　婦人問明來者是誰，忍不住嘆口氣說：「我本來是反對緯立賣琴的。我可以去借錢，等腿傷好了，再去做工。真是沒必要賣琴的。」

　　緯立回嘴說：「媽，別說了，您還不是把您的鋼琴賣了！」說著，他眼眶又紅了。

　　吳太太趁機邀請他們，「我先生今天買了一把很棒的小提琴，想開個年終家庭音樂會，所以特地來邀請你們參加。我們有樂器，但就是缺了像你們這樣好的演奏者。」

　　「請來和我們一起吃年夜飯，並參加演奏好嗎？」吳太太說。

　　緯立母子面面相覷，似乎有點遲疑。

　　吳太太接著說，「那，參加演奏的費用，請你們少收

一點好嗎？」

緯立母子馬上回說：「啊！那怎麼能收演奏費？」這才接受了邀請。

當晚，吳家過了一個最有意義的大年夜。守歲的節目不再是打麻將，而是樂音悠揚的音樂會。這場充滿愛心的音樂會，讓吳家老老小小十幾個人，每人心裡都留下無比深刻的印象，直到多年以後都還津津樂道。

那晚，吳桑發紅包給小輩的時候，也給了緯立一個大紅包──就是那把當天早上剛買回來的小提琴。

分　享

朋友！你今年是否有一個別出心裁、意義不凡的過年？

你是否願意將你人生重要的節慶都精心設計，讓它過得很有意義？

追求意義，是上帝造人時放在人心中的渴望。尋找人生的意義，是人類幾千年來一直在做的事。

意義，給人一種充實感，讓人活得帶勁、充滿熱情。只要是做有意思的事，即使再吃重繁忙，我們仍然精神抖擻，不覺

得累。但是缺乏意義，卻讓人無精打采，甚至感覺疲倦。因為，不是事情讓人累，而是心讓人累。

最快速而明顯能讓人立刻覺得有意義的事，就是去付出、去行善。行善不但可以助人，還可以為自己帶來滿足感及崇高的光榮感，點亮心靈世界，找到激勵人心動力的意義。

若能建立一個以付出為重心的生活模式，做個樂於給予的人，你必然會覺得人生很有意義，天天充滿活力！

如何讓自己過一個有意義的新年，值得你花時間去設計。今年過年，就設計一個特別不一樣的節目吧！讓這天特別的意義成為你終身難忘的回憶。

> 你手若有行善的力量，不可推辭，就當向那應得的人施行。
>
> ——〈箴言〉三章二十七節
>
> Do not withhold good from those who deserve it, when it is in your power to act.
>
> ——Proverbs 3：27
>
> 將榮耀、尊貴、平安加給一切行善的人。
>
> ——〈羅馬書〉二章十節

But glory, honor and peace was given for everyone who does good.

——Romans 2:10

所以，有了機會就當向眾人行善，向信徒一家的人更當這樣。

——〈加拉太書〉六章十節

Therefore, as we have opportunity, let us do good to all people, especially to those who belong to the family of believers.

——Galatians 6:10

討論：

1. 你今年過年和往年有何不同？

2. 如何過年會讓你覺得有意義？你願意將每個節慶都過得很有意義嗎？

3. 分享你對「日行一善」的看法。

第二部

有智慧的信仰

34
窮時更要奉獻

　　史丹和賽門在同一家外商公司任職，老闆是虔誠的教徒。因為工作的緣故，兩人都參加了教會。

　　三年前，這家外商公司結束了在台灣的營業，史丹和賽門都失業了。兩個人都才四十出頭，離退休還有一大段距離，於是計畫再找適當的工作，重新出發。

　　然而中年轉業並不容易，獵人頭公司傳來壞消息：「你們這一行都出走了，你們這種人才在台灣已經英雄無用武之地了。」兩人於是都打算嘗試新行業、轉換跑道，也不排除自己創業。

　　有一天在教堂裡，牧師證道談「奉獻」。

　　牧師教導信徒把所得的十分之一奉獻出來，即「什一奉獻」，他說這樣會得到上帝出人意外的賜福。

　　史丹於是興奮地估算著他的「什一奉獻」該是多少錢。賽門卻不以為然地說：「我們都是失業的人，哪有收入可以奉獻呀？沒接受別人的捐助就不錯了。」

　　史丹不顧賽門的反對，仍然堅持要照牧師的教導去

「什一奉獻」。他邊計算邊說：「公司停業時發了一筆離職金，我們的收入就是利息所得呀！這筆利息所得的十分之一雖然很少，但牧師說，上帝是看我們的內心，不在乎金錢多寡。」

賽門嘲諷地說：「自己花都不夠了，哪有餘錢奉獻？何況，計畫要創業，還必須準備一筆投資的資金。現在處處都要節省，不能亂花的。」他心想，自己已從外商離職，那位虔誠教徒的外商老闆再也管不到他了，於是就不去教會了。

然而，史丹和賽們的事業之路卻有了極為不同的際遇。

約莫半年後，有一家外商保險公司在台灣拓展生意，史丹抱著凡事從頭學起的心情前去應徵，順利錄取了。

對史丹來說，保險業是嶄新的嘗試，以往從來沒接觸過；但他以過去在外商任職的經驗，以及流利的語言表達能力，一下就和外國老闆有了很好的溝通。而且因為史丹是教徒，靠著教友的推介，很容易就取得客戶的信任。

史丹的業績愈做愈好，才兩年的努力，就讓他擠身百萬年薪之林。

賽門卻沒有這樣幸運。他把全部的積蓄拿出來和朋友合夥，投資開了一間便利商店。從找地點、到規劃、進貨

就花了大半年的時間。但是開張以後，卻生意清淡，門可
羅雀，導致店面難以維持。勉強撐了快一年，幾乎血本無
歸，只得草草收場。

兩年之間，賽門所有投資都泡湯了，還欠了廠商一些
貨款。時運不濟，徒呼負負！

史丹和賽門的境遇如此不同。一般朋友說：「只不過
是運氣不同的巧合罷了！」但是看著他們一路走來的教會
會友卻不禁感嘆：「奉獻掌握在自己手裡，但運氣掌握在
上帝手裡啊！」

分　享

朋友！上帝有上帝的法則，窮的時候更是要奉獻！奉獻能
帶來好運氣，讓人擺脫貧窮。不信你試試！

上帝的法則和世俗的法則不一樣。世俗的法則認為窮的時
候當節約；奉獻，是有錢人的事。

但聖經多次強調，願意慷慨付出的，上帝就會讓他更豐
富；不願付出的，已經夠窮了，還會更窮！這就是上帝的法
則。──有施散的，卻更增添。凡沒有的，連他所有的，也要

奪去。（〈箴言〉11：24）

　　上帝在《聖經》〈瑪拉基書〉裡向世人保證，只要奉行什一奉獻，祂必大大賜福，使人充足而有餘。祂還說，「你可以此試試我！」

　　在《聖經》裡，上帝是禁止人去試祂的。祂說：「你們不可試探耶和華——你們的上帝。」（〈申命記〉6：16）但是唯獨在這裡談到什一奉獻，上帝肯定地允諾大家：「以此試試我！」

　　既然上帝都這樣保證了，我們為什麼不憑信心試試看呢？

　　在世俗眼裡，奉獻是一項消費行為；但是在上帝眼中，奉獻卻是一項投資行為，而且是一項穩賺不賠的投資行為。

　　「穩賺不賠」，窮人最需要它了！對富人來說，賺錢是錦上添花；但對窮人來說，沒有風險地賺錢，是雪中送炭。

　　窮人最需要有好運氣，愈窮愈需要想法脫困。因此買彩券玩賭博的窮人多如過江之鯽。

　　然而，「十賭九輸」，或「穩賺不賠」，你要選哪一個？

　　想要有好運氣，想要擺脫貧窮？還是選擇最好的投資策略——什一奉獻吧！而且，窮的時候更要奉獻！

萬軍之耶和華說：你們要將當納的十分之一全然送入倉庫，使我家有糧，以此試試我，是否為你們敞開天上的窗戶，傾福與你們，甚至無處可容。

——〈瑪拉基書〉三章十節

Bring the whole tithe into the storehouse, that there may be food in my house. Test me in this," says the LORD Almighty, "and see if I will not throw open the floodgates of heaven and pour out so much blessing that you will not have room enough for it.

——Malachi 3：10

凡有的，還要加給他，叫他有餘；凡沒有的，連他所有的，也要奪去。

——〈馬太福音〉十三章十二節

For whoever has, to him more will be given, and he will have abundance; but whoever does not have, even what he has will be taken away from him.

——Mathew 13：12

人心多有計謀；惟有耶和華的籌算才能立定。

——〈箴言〉十九章二十一節

Many are the plans in a human heart, but it is the LORD's purpose that prevails.

——Proverbs 19：21

討論：

1. 請分享你日常捐獻的習慣，與對捐獻的觀念。

2. 你是否經歷過窮困的歲月？你是如何擺脫貧窮的？

3. 你是否願意憑信心試試什一奉獻的效果如何？

35
預備心

　　子琴過去因爲工作的緣故，經常參加應酬，一些名貴的珍饈如鮑魚、魚翅都是她的最愛，也是她身份地位的象徵，因爲一般人是吃不起的。

　　子琴懷孕的時候，害喜害得很嚴重，除了鮑魚和魚翅，什麼也吃不下，嬌弱得像公主。爲了腹中的孩子，她連吃幾個月魚翅，整個身子像是用金錢貼起來似的。

　　一場婚變接著破產，讓子琴成爲虔誠的教徒，改變了她的一生。但子琴再也吃不起鮑魚、魚翅這些貴重的食物了。奇怪的是，子琴對這些東西卻也失去了興趣。她說：「就算有人請客，也不會想要吃！難以理解以前爲何那麼愛吃。反而是那些物美價廉的鄉土小吃，像蚵仔煎、米粉炒、魷魚羹等，一想到就令我垂涎三尺！」

　　她自我分析說：「大概因爲那時人在異國吧，對家鄉的美食格外鍾情。」

　　子琴本來也沒把這種飲食慾望的改變和信仰連想在一起，直到房子的事情發生，她才確定這一切根本就出自於

上帝之手。

她說:「在上帝改變我的生命、生活之前,會先預備我的心。免得一下碰到巨變,會不能適應。這就是上帝奇妙的地方。」

僑居異國時,有一天,子琴幫好朋友阿純搬家。

阿純一家三代六口要從六房的大屋搬到三房的公寓去,這在當地並不尋常。通常的家庭都是從小公寓搬進大房屋,只有剛出社會的年輕上班族或退休的老人才會選擇住公寓。

子琴一邊幫忙打包,一邊嘟囔地表示不以為然:「只有老人才住公寓,你們年輕家庭,幹嘛住公寓呢?」

子琴跟著搬家公司把家具搬進小公寓,順手就在開放式廚房清理起來。

新式的流理台,全新的廚具,看起來愉快,用起來方便,摸起來舒服。子琴一下子愛上了這樣的居住環境,連呼:「太好了!真不曉得公寓這麼好住。連我都想搬進來住了!」

只因為這樣一個流理台,就讓子琴對公寓的態度一夕之間完全改觀。這樣明顯的改變,簡直太不可思議了。子琴自己也察覺到了,十分驚訝。

為了讓這種看不見的觀念改變能留下痕跡,子琴故意

對阿純夫婦連續提了幾次：「怪了！上帝爲什麼讓我對公寓的印象一下子全然改觀？其中一定有什麼道理。」

果然，這件事發生後兩個星期，子琴接到一則壞消息，她的豪宅將被銀行拍賣，她被迫要搬家了。

若是以往，子琴一定會沮喪難過，並想法抗拒；但這次沒有。子琴立刻想到阿純新搬入的公寓，心想：「如果能搬進那種新式公寓住，離開這豪宅又有何妨？豪宅外表雖好看，但維護起來頗辛勞，住了七年，也夠了！」

子琴向上帝禱告：「天父呀！求?賜給我一戶像阿純那樣的新式公寓，讓我歡歡喜喜地搬離開這裡吧！」

她打聽阿純同一棟公寓是否還有空戶未售，果然還有一戶，和阿純新家同一個樣式，但窗外看出去視野還更好。她向阿純說：「沒錯！這就是天父賜給我的。上次我來，是上帝讓我有預備心。」

阿純母女勸子琴說：「別急！買房子一定要多看幾戶，千萬別倉促做決定。」她們熱心地幫子琴四處打聽探詢。但是子琴就是非常篤定，她沒有太多猶豫，很快地把公寓訂下來了。

從訂屋到交屋，一切出奇順利！子琴果眞歡歡喜喜地搬家了。

朋友一聽子琴是因爲銀行要拍賣，被迫搬家，都爲她

惋惜；但是獨獨子琴心裡雪亮，安慰友人說：「有了新的替代品，哪裡會為失去舊的惋惜呢？趕快感謝上帝的恩典哪！」

子琴從此知道，在重大改變之前，必有蛛絲馬跡，這就是上帝貼心賜下的「預備心」。

分　享

朋友！上帝在行一件奇蹟之前，必會先挑動人的信心；因為非有信心，不能成就上帝的奇蹟。

上帝在進行改變之前，也常會讓人先有預備心；能否察覺這項貼心的預備，就要看你是不是有信心，能否細心體會。

基督教的上帝是啟示的上帝，祂會將祂的意思啟示給祂的子民知道，祂是個會對人說話的上帝。

我們常接不到上帝的啟示，或常聽不到祂的聲音，有時是因為我們沒信心，有時是因為我們不習慣去傾聽內心升起的一個細微的聲音，或不在意去抓住腦中閃出的一個小小的念頭。

這些念頭或聲音，其實正是上帝在我們心中挑起的預備、預兆，或預警，讓我們得以規避災禍的突至，或迎接奇蹟的來

臨。

上帝主宰我們的生命，也從不忽略照顧我們的心情。

當祂要挪去我們的奢侈，就會從心中把我們的慾望徹底拔除。當我們吃不起珍饈美饌，就讓我們打心底根本不想吃。

人生是一連串的失去與擁有。我們常常為了失去而哀傷，竟忘卻了手中擁有的美好；我們也常為了逝去的痛苦，卻淡化了隱然到手的幸福。

如果能預知下一個來者的佳美，哪還會為上一個失去而愁煩呢？就像拿蛋糕換掉手中的餅乾，拿鄉土小吃換掉魚翅、鮑魚，拿精美公寓換掉豪宅舊院。喜歡新的，就不怕失去舊的。

人生長路漫漫，時間會改變很多事。重要的是你能不能讓上帝預備你的心，歡天喜地地去接受這些改變。茫茫人世間，後浪推前浪，你還要為逝去的哀哭流淚，浪費生命嗎？

若有人在基督裏，他就是新造的人，舊事已過，都變成新的了。

——〈哥林多後書〉五章十七節

Therefore, if anyone is in Christ, he is a new creation; the old has gone, the new has come!

——2 Corinthians 5：17

看哪！我造新天新地；從前的事不再被記念，也不再追想。

——〈以賽亞書〉六十五章十七節

See, I will create new heavens and a new earth. The former things will not be remembered, nor will they come to mind.

——Isaiah 65：17

看哪，先前的事已經成就，現在我將新事說明，這事未發以先，我就說給你們聽。

——〈以賽亞書〉四十二章九節

Behold, the former things have come to pass, And new things I declare; Before they spring forth, I tell you of them.

——Isaiah 42：9

討論：

1. 面臨人生重大改變之前，你是否曾經接獲過預兆、預警，或心理預備？

2. 如何訓練自己的聽力與感受力，能夠察覺這些預兆、預警或預備？

3. 如何鍛鍊自己凡事往前看，不再為逝去的哀傷？

$\mathcal{36}$
上帝的避難所

第二次世界大戰時，德軍攻打荷蘭，德國軍機猛烈地轟炸荷蘭。

可麗（Coorie ten Boom）和姐姐在荷蘭經營一家鐘錶店，一天晚上，可麗聽見飛機隆隆地從屋頂呼嘯而過，隨即炸彈的巨響此起彼落，火光把黑夜照得通明。

可麗在床上輾轉反側，難以入眠。睡在樓下房間的姐姐大約也睡不著，起身到廚房去泡茶。可麗聽到廚房的聲響，知道是姐姐，就決定起身陪她，兩人一起喝茶聊天，度過了一段又驚嚇又緊張的時間。

炸彈在她們家四周炸開，連續的爆炸聲和火光令人觸目心驚。不久，一切又歸於平靜。可麗和姐姐於是分別回房睡覺。

可麗拍拍枕頭，正要上床，突然一個尖硬的東西割傷了她的手。藉著燭光仔細一看，是一塊鐵片，顯然是剛剛在她們家旁邊爆炸的炸彈殼。

可麗拿起炸彈碎片飛奔到樓下找姐姐，嚇得渾身直打

哆嗦。姐姐一邊幫她包紮傷口，一邊不可思議地念念有詞：「真的就在你的枕頭上……」

可麗驚嚇地說：「啊！如果我剛剛睡在這裡，就死定了。」

她要說的是，如果她剛剛沒有聽到廚房的聲響，就不會知道姐姐在樓下泡茶；如果她不知道姐姐沒睡，也就不會下樓陪姐姐喝茶；如果她沒有下樓，就必定還留在床上睡覺；那結果，一定不堪設想！

姐姐說：「別說如果了，因為我很清楚這是上帝的保守！上帝的旨意就是要我們平安！祂要做我們的避難所。」

上帝不只做了可麗與姐姐的避難所，也讓她們成為別人的避難所。

德軍進入荷蘭後，可麗和姐姐在家裡闢了一間密室，專門藏匿那些被納粹迫害的猶太人，救了許多人的性命。

那時，可麗五十歲，是個未婚的老小姐。她一向自認個性軟弱又平凡，除了修錶以外，一無長處。但是上帝卻挪去她的恐懼，讓她勇敢地對抗納粹的迫害。

可麗和姐姐藏匿猶太人的事終於東窗事發，一家人都被捕，關入納粹的集中營。但在集中營裡，可麗經常聚集被迫害的婦女，為她們讀《聖經》。她用荷蘭語，經過翻譯，一個個傳下去給不同國籍的人聽。許多受害者得以從

《聖經》的話語得到安慰，撐過集中營裡殘酷的苦難。

每到可麗為其他囚犯讀經的時候，囚犯們總是聚集在可麗和姐姐的牢房。她們必須躲躲藏藏逃過警衛的注意，否則肯定被挨打遭處罰。

有一度，可麗與姐姐的牢房出現跳蚤，但姐姐仍然讚美上帝。那段時間，警衛居然都沒有來查房。後來才了解，原來警衛害怕被傳染跳蚤，都迴避了。

姐姐說：「上主藉著跳蚤來保守我們！」

於是，大家更加感謝讚美上帝。

後來，可麗的父親和姐姐都死在集中營。臨死前，可麗的姐姐勉勵可麗說：「妳不要看我，只要看著主耶穌。」

可麗看到姐姐在苦難中安詳地過世，臉上依舊平安感恩，她似乎被藏身在上主的羽翼下，沒有任何痛苦。

戰後，可麗從集中營被釋放。之後，她設立了一個輔導中心，專門幫助過去在納粹集中營被拘的受害者回復正常生活。她以饒恕釋放了許多被害者心中的苦毒與不平。

可麗後來寫了一本自傳，書名為《密室》（ *The Hiding Place*），記下她一生被上主保護的事蹟，成為激勵人心的勇敢見證。

分　享

朋友！對信靠上帝的人，上帝成為他們最好的避難所。不只是可以藏匿身體的避難所，還是可以慰藉心靈的避難所。

為何奇蹟經常落在信仰堅貞的人身上？為何不是按或然率平均落在一般人身上？這是因為信心的緣故。

基本上，奇蹟是回應信心的。上帝導演的奇蹟，主要是回應人的信心。聖經上耶穌行神蹟時，都會強調說：「你的信救了你！」（〈馬可福音〉10：52）

信仰堅貞的人，信心強，就啓動了上帝行奇蹟的按鈕。當他們急難時，上帝就做他們的避難所，將他們藏身在祂的羽翼之下。

故事中的可麗和她的姐姐，有美好的信心，上帝就讓她們奇蹟式地逃過砲彈的轟炸；上帝成為她們的避難所。

之後上帝又堅固她們的勇氣，讓她們為受迫害的人提供避難所。原本軟弱的可麗，一旦生命被改變，就奇蹟式地勇敢剛強，敢於與納粹抗衡。

在集中營裡，上帝依舊藉著囚犯們讀經，保護信靠祂的人。上帝在《聖經》中的話語，帶著能力，成為信靠者慰藉心靈的避難所。可麗的姐姐即使面臨死亡時刻，仍沒有痛苦，一

如藏身避難所中。

《聖經》裡描述上帝是有憐憫，有恩典，有豐盛慈愛的上帝。祂在舊約時代即吩咐以色列人建立「逃城」，也就是避難所。為誤殺人的人提供一個暫時躲藏的地方，免得遭報血仇者追殺。(〈民數記〉35：25)

上帝保護信靠祂的人，一如眼中的瞳人。祂提供祂翅膀的蔭下，成為信靠者的避難所。

神是我們的避難所，是我們的力量，是我們在患難中隨時的幫助。

——〈詩篇〉四十六篇一節

God is our refuge and strength, an ever-present help in trouble.

——Psalm 46:1

求你保護我，如同保護眼中的瞳人；將我隱藏在你翅膀的蔭下，使我脫離那欺壓我的惡人，就是圍困我要害我命的仇敵。

——〈詩篇〉十七篇八、九節

Keep me as the apple of your eye; hide me in the shadow of your wings from the wicked who are out to destroy me, from my mortal enemies who surround me.

——Psalm 17 :8-9

求你把我隱藏，使我脫離作惡之人的暗謀和作孽之人的擾亂。

——〈詩篇〉六十四篇二節

Hide me from the conspiracy of the wicked, from the plots of evildoers.

——Psalm 64 :

討論：

1. 你的信心是否曾經啟動過上主的奇蹟？

2. 你是否經歷過上帝提供的避難所？

3. 試分享《聖經》中上帝的話語如何成為人的避難所？

37
戰爭與戰役

班迪克決定出馬競選州議員，他的家鄉需要他這樣的人才出來爲民服務。他的牧師以及教會都極力支持他出來參選，成爲他的助選團隊。

班迪克的競爭對手並不強，但是選舉花招很多，常利用小道消息或謠言打擊班迪克的信譽，所以這場選仗打得十分辛苦。

整個教會都爲班迪克禱告。牧師大聲宣讀《聖經》〈以弗所書〉第六章，勉勵班迪克穿上「神的軍裝」，好好打一場選戰。

選戰進行不多久，對手就放出許多假消息及不實的傳聞，造成謠言滿天飛，一時難以查證，令班迪克疲於奔命。班迪克心想：「這些謠言如此荒謬，大概不會有人相信吧！就讓謠言不攻自破好了。」

有一天，在競選辯論會上，對手又突發攻擊，用一則莫須有的謠言質問班迪克。班迪克措手不及，反應有些遲鈍；也由於缺乏準備，班迪克顯得錯愕且語塞。新聞媒體

於是接二連三做出對班迪克不利的評論。

失眞的報導令班迪克十分沮喪，不知情的群眾嘲諷地要他退出選戰。無情的批評讓他難以辯解，莫所是從。班迪克於是和他的助選團隊——牧師及教友們密切商量。到底要不要退選，已成爲各界關注的焦點。

他們決定藉著同心合意的禱告，探求上帝的旨意，再決定下一步何去何從。那天，牧師面色凝重地帶領大家禱告。之後又進入禱告室，安靜地與上帝交通，尋求上帝的意思。片刻之後，牧師出來了，臉上帶著亮光，笑容滿面。

班迪克與會友們急切地問他：「上帝到底向你說了什麼？讓你這麼高興？」

牧師大聲宣布說：「上帝告訴我，我們雖然輸了這場『戰役』（battle），卻不會輸掉這場『戰爭』（war）。」

「所以，班迪克一定要奮戰下去，大家一定要堅持下去！」牧師拉起班迪克的手，爲他打氣。

牧師又解釋說：「其實，輸掉這場戰役，也是出於上帝的意思，爲的是要班迪克提高警覺，好好提升他的應變能力，因爲之前他太疏忽了。」

在大家通力合作之下，班迪克不敢再掉以輕心，懇切地針對謠言一一提出澄清與辯解，重新贏得選民的信任。

而且當他摸熟了對手的打擊招數，就再也不會上當了。

選舉結束，開票結果，正如牧師的宣告，班迪克贏了！他漂亮地打贏了選戰，成爲新科州議員。

牧師在勝選的茶會中說：「我們永遠不要失去信心！即使暫時失利。偶爾輸掉一場戰役不算什麼，那是爲要讓我們贏得整場的戰爭。」

分　享

朋友！進行一場上帝呼召的戰爭，勝利是必然的。因為上帝就是天，上帝的旨意就是天意。符合天意的戰爭，勝利是唯一的結果。

但是上帝在賜與勝利的過程中，卻也常會讓我們經歷其中一些小小的失利。一來磨練我們的信心，二來鍛鍊我們的實力，三來讓我們的勝利在經過考驗之後，彌足珍貴。

因為上帝知道，輸掉一場戰役，換來整場戰爭的勝利，這樣的勝利，比完全沒有輸過更難能可貴。

戰爭是由許多場戰役組成的，沒有輸過的戰爭，表示對手實在太弱，勝之不武；輸過又贏，才值得珍惜。反敗為勝的戰

將往往比一帆風順的常勝將軍能贏得更多的喝采。

失利的戰役，往往能給我們許多的提醒，讓我們修正裝備，重新調整策略與戰術，增強我們的實力；經過失利而贏得勝利，不僅勝利的成果可貴，過程中的點點滴滴，也常令人回味無窮。就如俗話說：不經一番寒澈骨，哪得梅花撲鼻香？而在聞到梅花撲鼻香時，更常津津樂道於那一番寒澈骨。

人生旅途就像一場戰爭，每個階段都有大小不同的戰役。只要我們與上帝同行，人生最終的勝利是必然的。而旅程中一些暫時的失敗，也是上帝賜與的考驗與鍛鍊，值得我們以感恩的心來承受。

失敗是成功之母。失敗，往往是轉進的契機。把握失敗的教訓再出發，將「絆腳石」轉變為「墊腳石」，會使勝利更有把握，戰果更加輝煌。最愚蠢的，是在一場小戰役失利後就灰心喪志，退出戰爭。這種人將終身背著失敗的陰影，成為一生揮之不去的標籤。

人生舞台中，輸一場戰役並沒什麼了不起，爬起來，揮去塵土，重新出發。重要的是在面對輸的時候，能以感恩的心記取教訓，把失敗當成鍛鍊，增強實力，提升戰力。到了人生末了戰爭結束，能像聖徒保羅那樣，揚起勝利的旌旗，驕傲地說：「那美好的仗，我已打過。」

請記住：戰爭的勝利，是恩典；戰役的失利，是鍛鍊！

上主使人得勝，不是用刀用槍，因爲爭戰的勝敗全在乎上主。祂必將你們交在我們手裏。

——〈撒母耳記上〉十七章四十七節

It is not by sword or spear that the Lord saves; for the battle is the Lord's, and he will give all of you into our hands.

——1 Samuel 17：47

你們當聽，你們今日將要與仇敵爭戰，不要膽怯，不要懼怕戰兢，也不要因他們驚恐；因爲耶和華——你們的上帝與你們同去，要爲你們與仇敵爭戰，拯救你們。

——〈申命記〉二十章三～四節

Hear, today you are going into battle against your enemies. Do not be fainthearted or afraid; do not be terrified or give way to panic before them. For the Lord your God is the one who goes with you to fight for you against your enemies to give you victory.

——Deuteronomy 20：3 - 4

那美好的仗我已經打過了，當跑的路我已經跑盡了，所信的道我已經守住了。

——〈提摩太後書〉四章七節

I have fought the good fight, I have finished the race, I have kept the faith.

——2 Timothy 4：7

抉擇的智慧

討論：

1. 你人生中曾經歷哪幾場重大的戰爭或戰役？是成功還是失敗？

2. 面對失敗時，應該如何因應與調適？

3. 如何鼓勵失敗的人重新站起來？

38
老鼠的心

　　有一隻小老鼠住在教堂的牆外，經常挨餓受凍。牠每天看到許多信徒在教堂進進出出，覺得十分好奇，一心想去看個究竟。

　　有一天，小老鼠終於鼓起勇氣溜進教堂，發現教堂內非常莊嚴漂亮，廚房裡還有很多吃的東西，顯然教堂裡的生活要比教堂外豐衣足食多了。於是牠學著信徒向上帝禱告：「天父啊！求祢將我日用的飲食，今日賜給我！讓我搬進教堂來，有得吃有得住。阿門。」

　　上帝垂聽了小老鼠的禱告，讓小老鼠搬到教堂廚房的角落，從此衣食無缺，生活無慮。

　　小老鼠逐漸從一隻瘦弱的小老鼠變成肥肥壯壯的大老鼠。

　　教堂養了一隻貓，每次看到小老鼠都喵喵地叫，雖然只是打招呼，不會傷害牠，但小老鼠總覺得有些害怕。

　　牠心想：「貓比我大，所以我害怕。除非我跟牠一樣大，不然還是會害怕。」

　　於是小老鼠又向上帝禱告：「天父啊！我看到貓就會害怕，求祢將我也變成一隻貓，那樣我才不致害怕。」

　　上帝應允了，把小老鼠變成了一隻貓。

　　不久，小老鼠變成的貓跑到教堂外面溜達，這時碰到一隻狗，對著牠汪汪叫。雖然狗也沒有咬牠，但是牠仍然有說不出的害怕。

　　牠想：「原來貓不夠大，所以會怕狗。如果想要不怕，就必須變成狗。有了狗膽，肯定什麼都不怕。」

　　於是牠又向上帝祈求：「天父啊！求祢將我變成一隻狗吧！」

　　上帝允諾了，把牠變成了一條魁偉壯碩的狗。

　　沒多久，小老鼠變成的狗到林子裡去玩耍，碰到一隻老虎，齜牙裂嘴看起來十分兇猛。光是跟老虎擦身而過，小老鼠就戰慄發抖不停。

　　牠想：「原來老虎才是最大的，大家都怕牠。如果能夠變成老虎，發一下虎威，肯定大家都怕我。」

　　於是又向上帝祈求：「天父啊！求祢成全，讓我變成一隻老虎吧！」

　　上帝又應允了，小老鼠這下變成一隻威風無比的老虎了。

　　小老鼠變成的老虎在外冶遊倦了，終於返回教堂。但

才一進去，教堂養的那隻貓一看到老虎闖入，警覺性地豎起背脊，帶著敵意地喵喵直叫。

小老鼠雖然已經有了老虎的外型，但是聽到貓叫，仍然嚇得魂不附體，特別是這隻貓以前從來沒有對牠這樣敵視過。

牠迅速地跑進聖堂，發抖地對上帝說：「天父呀！我害怕極了！甚至比以前還害怕！但是為什麼會這樣呢？老虎已經是最大的了呀！」

上帝慈祥地回答牠說：「傻孩子！你的身體縱然變成老虎，但是你的心、你的膽，都還是小老鼠的呀！」

分　享

朋友！外型的大小，並不能決定膽量的大小。

身軀的強壯、瘦弱，是看得見的；內心的剛強、軟弱，或膽量的大小，卻是看不見的。但經常，那看不見的卻比那看得見的更具威力。

我們看得見熊熊柴火，卻看不見電；但電的威力顯然比柴火大得多。

我們常常像故事裡的小老鼠，祈求上帝賜給我們有形的、稍縱即逝的錢財、名利、地位，卻很少祈求上帝賜給我們無形的、堅固永恆的心靈力量。

　　事實上，看不見的心靈力量，卻遠比看得見的錢財權勢要更具威力。就像愛與熱情能夠融化冰冷，錢財權勢卻連平安都買不到。

　　虛有其表，不具威力，就像空包彈，無法令人懾服；虛張聲勢，外強中乾，也只能嚇退老鼠膽的人。

　　真正有威力的，絕不在形，而是在心！

　　我們並不關心看得見的事物，而是關心看不見的事物。看得見的是暫時的；看不見的是永恆的。

　　　　　　　　　　　　　——〈哥林多後書〉四章十八節

So we fix our eyes not on what is seen, but on what is unseen. For what is seen is temporary, but what is unseen is eternal.

　　　　　　　　　　　　　——2 Corinthians 4：18

　　萬軍之耶和華說：不是倚靠勢力，不是倚靠才能，乃是倚靠我的靈方能成事。

　　　　　　　　　　　　　——〈撒迦利亞書〉四章六節

'Not by might nor by power, but by my Spirit,' says the LORD Almighty.

——Zechariah 4：6

 討論：

1. 請舉例說明一些看不見的心靈力量及其威力。

2. 世界上有哪些事情是金錢買不到的？

3. 如何戳破虛張聲勢的假象？

39

財主的怨嘆

有一個財主，生前天天錦衣玉食，奢華宴樂。死了之後，他被帶到陰間。一進陰間大門，他就大聲嚷叫：「冤枉哪！冤枉哪！」

看守陰間的天使說：「你在世行惡，所以死後被帶來這裡，哪有冤枉你？」

財主大聲辯解：「我哪有行什麼惡？冤枉哪！」

天使打開財主的世間檔案，說：「你搶奪人家產業，又勾結不義的律師，行賄法官，讓受害者蒙受不白之冤，難道沒有？」

財主心裡非常驚訝：「怎麼連這麼祕密的事他都知道？」

天使又繼續說：「你又開錢莊放高利貸，派討債公司逼迫卡奴，好多人因此自殺，難道沒有？

「還有一個乞丐向你求乞，你不但譏笑他，叫他撿你桌上掉下來的零碎吃，還放狗去舔他的傷口。你一點同情心都沒有，難道不是？」

樣樣事實，財主只得低頭默認，接受了陰間火烤的煎熬。他在火焰中極其痛苦，抬頭往上一看，那不是以前被他鄙視的乞丐嗎？他怎麼在天堂享福？

財主一時忘了他是在陰間，習慣性地對那乞丐呼喝道：「快用指尖沾點水來涼涼我的舌頭！這火燄，熱死了，悶死了！」

天使告訴他：「沒用的！他聽不到你。天堂和陰間隔著深淵呢！」

財主不禁埋怨起天使：「你早知陰間的痛苦，爲什麼不早提醒我，讓我早點悔改，及早行善，以便贖罪，就不必來這裡了。」

天使說：「我哪裡沒有提醒你？我多次打簡訊給你，你都不理睬。還說！」

財主急忙否認：「我都沒收到啊！可能世間的光纖那時還不發達，衛星和網路也還不太穩定，所以傳送簡訊的效率很差吧！可是那不能怪我呀！」

天使說：「你哪裡沒收到？你都簽收了，還說沒收到！」

財主不服氣地聲辯：「你別亂栽贓，你說，是什麼時候？」

天使說：「你每次作惡，我都發簡訊到你的『良知』

去，你把良知打開收了訊，心就被掐了一下，還說沒有？只是你隨手又把訊息給扔了，又把良知給關上了。」

天使繼續說：「我又發簡訊，差你朋友邀你去聽道，讓你有機會認罪悔改，你雖然收到邀請，卻都拒絕了；我又差你家附近教堂的牧師探訪你，邀你上教堂，你也不肯。」

財主愈聽愈慚愧，的確有這些事，真是悔不當初。他嘆口氣說：「唉！真是錯失了許多機會！你要是提醒我說時日無多，得趕快把握機會彌補，那我肯定會趕緊找機會彌補的呀！」

天使說：「這個我也提醒你了，只是你仍舊不當回事。你五十歲的時候，有次對著鏡子看到半頭白髮，馬上叫了一聲：『老了！』你忘了嗎？那就是我在你心中敲了一下，提醒你。

「你六十歲的時候，有一次吃雞骨時咬斷了牙齒，也叫了一聲：『老了！』，那也是我在你心中敲的，為要提醒你。」

財主再也無話可說，於是要求天使：「那你趕緊打網路電話給天堂的那個乞丐，請他去告訴我那些還沒死的兄弟們吧，叫他們趕快悔改，不然將來會到這裡來受苦。」

天使說：「不用他去啦！我早已發簡訊去了，也大量

印製了《聖經》送給他們，還有許多牧師教導他們。」

財主說：「可是那效果有限，如果有人從死裡復活去對他們做見證，那才有效啊！」

這次換天使嘆口氣了，說：「他們要是連《聖經》都不相信，那就算有死裡復活的人對他們做見證，他們還是不會信的！」

分　享

朋友！財主的怨嘆，一嘆輕忽了良知的提醒，二嘆錯失了悔改的機會，三嘆忘記了歲月不待人。

人生在世，許多人就和財主一樣，在忙碌現實的世俗中，縱情私慾，任良知躲藏。有時雖然也遭良心譴責，但立刻又在塵俗中故態復萌。

許多人在做了不少惡事之後，也願意悔改認罪，但總覺得時間還早，人生還有一大段路要走，所以準備「等老了再來信教」。因為知道一旦認罪悔改，就不宜再繼續行惡。但是往往歲月不待人，一晃眼，便已面臨死亡。蹉跎光陰，想悔改已然太晚。

　　雖說悔改向善永不嫌遲，但是生命不見得願意等待。如果來不及贖罪就已面臨生命終點，將來只有像財主一樣，在陰間怨嘆。

　　其實，信仰不單只讓人悔改，讓人有機會贖罪，更重要的是能讓人重生，從此享受聖潔喜樂的美好人生。愈早有信仰，愈早享福。如果堅持等老了才來信教，無端拖延時日，那是自己吃虧，不啻平白錯過了一大段可以享受的日子。

　　更何況，有些習慣與信念必須及早建立，才能確保老年生活的喜樂。一味拖延，等老了才信，那時，已積習難改，習慣與信念不易更新，對老年生活的預備，無疑是太遲了！

　　在陰間受苦的財主願意提醒他的兄弟，莫重蹈他的覆轍，但天使提醒他說：那是沒有用的！因為《聖經》流傳千年，信眾滿天下，但對一些心裡剛硬的人，即使是從死裡復活的耶穌基督親自見證，依舊還是會不信。

　　世人都如財主的兄弟們，是否會和財主走一樣的命運？就看個別的選擇。

　　一般宗教是由人來選擇欲信奉的神明，但是基督教卻大大不同，是由上帝來揀選信徒。意即所有的信徒，都是上帝從眾人中一個一個挑揀出來，方能成為信徒，並成為祂國度的子民。耶穌說得明白：「不是你們揀選了我，是我揀選了你們。」（〈約翰福音〉15：16）

從基督教歷史來看，上帝是先揀選以色列人，再揀選外邦人，現在則是從萬國萬民中揀選祂的子民。

那麼，上帝如何揀選？標準如何？有沒有願意相信卻不被揀選的人？

《聖經》中明白地承諾：「你們祈求，就給你們；尋找，就尋見；叩門，就給你們開門。」（〈路加福音〉11：9）這就是基督教著名的ASK揀選原理：A=Ask祈求，S=Seek尋找，K=Knock叩門。只要願意做出以上ASK的動作，上帝就承諾必揀選。

凡願意尋求天道，向基督叩門的，上帝就揀選。凡不被揀選的，根本無意尋求，上帝就任他們的心頑梗剛硬。

上帝揀選誰，救贖與恩典就臨到誰。聰明的你，要不要ASK呢？

你們祈求，就給你們；尋找，就尋見；叩門，就給你們開門。

——〈路加福音〉十一章九節

Ask and it will be given to you; seek and you will find; knock and the door will be opened to you.

——Luke11：9

若不聽從摩西和先知的話，就是有一個從死裏復活的，他們也是不聽勸。

——〈路加福音〉十六章三十一節

If they do not listen to Moses and the Prophets, they will not be convinced even if someone rises from the dead.

——Luke16:31

惟有你們是被揀選的族類，是有君尊的祭司，是聖潔的國度，是屬上帝的子民，要叫你們宣揚那召你們出黑暗入奇妙光明者的美德。

——〈彼得前書〉二章九節

But you are a chosen people, a royal priesthood, a holy nation, a people belonging to God, that you may declare the praises of him who called you out of darkness into his wonderful light.

——1 Peter 2：9

討論：

1. 試分享你是否曾有過良心不安的感覺？
2. 早一點選擇信教，有什麼好處？
3. 為什麼基督教是神選人，不是人選神？

40
耶穌與看門人

在基督教的教會圈中流傳著一個故事：

在一座古老的教堂裡，祭壇上方有一尊耶穌的雕像，許多信徒前來向祂祈禱，幾乎有求必應。於是一傳十、十傳百，前來向耶穌祈求的人更多了。

教堂有位看門的人，見耶穌每天要應付這麼多人，十分辛苦，但願自己能夠幫祂分憂解勞。於是有一天他祈禱時，就向耶穌表明了這份心意。

沒想到，耶穌開口回答他：「好哇！讓我們來調換一下位置，你上來站在這兒，我下去幫你看門。」

「但是，」耶穌說，「不論你看到什麼、聽到什麼，都不可以說一句話。」

看門的人答應了，於是他們交換了位置。

來祈禱的人絡繹不絕，假扮耶穌的看門人聽了許多的心聲，有些合理，有些不合理。但他都沒有吭氣，依照先前的承諾，他只默默地聆聽。

有一天，一位富商來求家庭和樂。他祈禱完離開時，

把錢包掉落在教堂。

　　緊接著來了一個窮農夫，他訴說今年收成不好，一家五口無以為繼。他祈禱耶穌能夠讓他找到錢，使家人溫飽過冬。

　　正當窮農夫祈禱完要離開時，他發現了富商掉的錢包，一看，裡面滿滿是錢。他喜出望外，馬上跪下感謝耶穌的賞賜，歡天喜地的走了。

　　祭壇上方假扮耶穌的看門人很想告訴窮農夫說：「這不是你的東西。」但他忍住了，仍然沉默地站在那裡。

　　不久，來了一名正要搭船出海遠行的年輕人，他來求耶穌保佑他旅途一路平安。

　　正當他要離去時，富商衝了進來，以為年輕人拿走他的錢包，揪著年輕人逼他還錢。年輕人莫名其妙，就和富商吵了起來。

　　這時，假扮耶穌的看門人再也忍不住了，開口向他們說明了一切的真相。於是富商急忙去找窮農夫要錢包，年輕人則趕著去搭船。

　　這時，正在看門的耶穌走了過來，對祭壇上方的看門人說：「你不應該開口說話的，現在你下來吧！你沒有資格站在那裡了。」

　　看門人辯解說：「我開口，是說出事實真相啊，難道

不該這樣主持公道嗎？」

耶穌說：「你的公道卻不是我的公道啊！你要知道，那富商並不缺錢，他一有餘錢就去吃喝嫖賭，他太太就會跟他吵架，家庭便不和樂。讓他掉錢包正是避免他得罪太太，是在保守他所祈求的家庭和樂啊！

「而富商掉的錢包，剛好可以讓那個辛苦耕種的窮農夫，在這個收成不好的年頭，一家五口還能溫飽過冬，這正是窮農夫所祈求的啊！

「至於那個年輕人，他要搭的船將會遇到船難，如果富商和他糾纏久一點，他趕不上船班，躲過船難，就應驗了他所祈求的平安啦！」

耶穌又說：「以你屬世的公道，富商有了錢就去吃喝嫖賭，造成妻離子散；農夫依舊辛苦耕種，卻仍三餐不濟；年輕人最無辜，卻死於船難。請問，這算什麼公道？」

分　享

朋友！憑信心誠意祈求，上帝就賜下祂愛與憐憫的公道，代替世俗殘酷冰冷的公道。上帝會讓萬事互相效力，完成祂要做的事。

撒但掌權的世界充滿了殘酷的現實，世俗的法則既冰冷又

無情，屬世的公道看起來公平，卻沒有憐憫、也沒有愛。

我們常常就像故事裡的看門人，總是用屬世標準來評斷萬事萬物，對那些看起來不公不義的事情忿忿不平，甚至自以為是地跳出來要主持公道。殊不知，我們的魯莽卻可能破壞了上天的好意，打亂了上帝善意的佈局。

上帝的意念高過我們的意念，祂的作為，我們常無法測度。有時候張冠李戴，有時候錯把馮京當馬涼，遠超過我們的想像。我們只知道，祂總是讓萬事互相效力，叫愛祂的人得益處。(〈羅馬書〉8：28)

上帝總是製造出許多巧合、運氣，來實現祂的公義，讓信靠祂，衷心向祂祈求的人能遂所願。因為祂允諾過：「凡你們禱告祈求的，無論是甚麼，只要信是得著的，就必得著。」(〈馬可福音〉11：24)

像故事裡上帝主導的奇妙安排，富商掉了錢包卻得到家庭和樂，窮農夫撿到錢可以過冬，年輕人吵吵架卻躲過船難；這些，正是他們所需，也是他們所求，上帝就賜予他們。

當上帝賜予恩典時，世俗總是認為那是幸運，是巧合，其實這些都是上帝刻意的安排。所謂的「天意」，就是上帝的旨意，絕對大大超出世俗的想像，更遠遠超越人類所能掌控。

讓我們培養屬天的眼光，順著屬天的公道，不再做那魯莽的看門人！

耶和華說：我的意念非同你們的意念；我的道路非同你們的道路。天怎樣高過地，照樣，我的道路高過你們的道路；我的意念高過你們的意念。

——〈以賽亞書〉五十五章八～九節

"For my thoughts are not your thoughts, neither are your ways my ways," declares the LORD. "As the heavens are higher than the earth, so are my ways higher than your ways and my thoughts than your thoughts.

——Isaiah 55：8,9

風從何道來，骨頭在懷孕婦人的胎中如何長成，你尚且不得知道；這樣，行萬事之上帝的作為，你更不得知道。

——〈傳道書〉十一章五節

As you do not know the path of the wind, or how the body is formed in a mother's womb, so you cannot understand the work of God, the Maker of all things.

——Ecclesiastes 11：5

討論：

1. 上帝是曾經讓萬事互相效力，讓你得到益處？

2. 你能否證明某些在你身上的巧合其實正是上帝的恩典？

3. 我們可以如何培養屬天的眼光？

41

上帝的止痛藥

　　有一名婦人生了一種怪病，經常腹痛如絞，雙腿腫脹，不但必須拄著枴杖行走，發病時更是痛不欲生。每次疼痛，婦人都像與病魔打了一場仗，不但身體虛弱，心情也極為沮喪，多次萌生自殺的念頭。

　　因為病痛，婦人脾氣變得十分暴躁易怒。有一次，家人為她端飯食到病榻前，因不合她的意，就被全盤推到地上。而且變得疑心病重，一下懷疑丈夫不忠，一下懷疑孩子不孝，惹得全家人進退失據，莫所是從，家庭氣氛冷若寒霜。

　　在到處求醫無效之後，有一次，在朋友介紹下，婦人和丈夫進了教堂。

　　牧師特別為婦人祝禱，禱告完，婦人的丈夫把枴杖遞給她，正要扶她回座，牧師卻說：「要有信心，不要用枴杖了，上帝幫助你！」

　　在牧師的鼓勵下，婦人真的放手走動，居然從此擺脫枴杖的束縛。於是，婦人一家都參加了教會。

　　說也奇怪，有了信仰之後，婦人的怪病一日比一日改善。雙腿腫脹的現象消退，腹痛也不再那樣頻繁。

　　有一次，婦人看了電影〈受難記〉，影片內容是耶穌釘十字架受難的經過。婦人大受震撼，眼淚像洩洪般湧出，整個靈魂遂被醫治。

　　她事後說：「是聖靈感動我，為了要安慰我受苦的靈魂。」

　　之後，婦人每經歷腹絞痛時，就想起〈受難記〉裡耶穌被鞭打、遭刑罰的鏡頭，自己身上的痛苦彷彿減輕了許多，甚至不見了。

　　她告訴丈夫：「比起耶穌釘十字架的痛苦，我這點痛算得了什麼？」

　　就在這種微妙的心理因素下，婦人即使再腹痛，也覺得不那麼痛了。於是不再出現以前那種痛不欲生的表情，也不再輕易暴躁發怒。

　　有一天，婦人向一名病友述說信仰的功效，但那名病友懷疑這一切都只是巧合：「妳怎麼知道是上帝讓妳痊癒的？不是醫生讓你痊癒的呢？」

　　婦人的丈夫告訴那名病友說：「上帝會不會讓你痊癒，我不敢說；但是只要你信，起碼可以向上帝索取無形的『止痛藥』和『鎮靜劑』。就像我太太一樣。」

　　朋友！信仰可以提升一個人的「耐痛度」，就像服了上帝的止痛藥。

　　故事中的婦人因著「信」，增加了她忍受疼痛的能力。同樣的痛楚，感覺起來就是不像以前那麼痛。

　　信仰能不能讓每個人的疾病痊癒，那要看上天的旨意與個人信心的狀況。但是信仰一定能讓每個人的忍耐力增加，忍耐疼痛的範圍擴大，忍耐疼痛的能力向上提升。

　　服用上帝的「止痛藥」或「鎮靜劑」，服用方法一定要「心裡相信、口裡承認」，才能發揮藥效。因為《聖經》上說：「人心裡相信就可以稱義，口裡承認就可以得救。」（〈羅馬書〉10：10）

　　有些人心裡雖相信，但口裡不承認，不經意地說些負面的話，那就降低了療效。例如心中禱告求上帝醫治，口裡卻向人說：「我這病很麻煩！要痊癒不容易！」口中的否定就把心中的相信削弱了。

　　有些人心裡雖相信，但信不足，信心不完全，療效也打折扣。我們大多數人都是這樣，有一點相信，但過去的經驗讓我們產生許多疑惑，於是疑惑將信心掐住了。就像故事中的這位

病友。

信心的功課需要日積月累的功夫。我們過去的經驗一定會讓我們對聖經許多地方產生疑惑，但在大原則確信之下，就應將小疑惑交託，禱告求上帝幫我們解決。

只要我們相信：「上帝的意念高過我們的意念，人不可能完全明白上帝的意念。」用這樣的態度交託我們的疑惑，疑惑才不致掐住我們的信心。

故事中的婦人，她接受的心靈醫治來自於相信耶穌基督的受難，於是支取了《聖經》中的應許：「因祂受的刑罰，我們得平安；因祂受的鞭傷，我們得醫治。」等於服用了從上帝而來的止痛藥及鎮靜劑。

同樣的病情，缺乏信仰的人痛不欲生、難忍難耐，信仰堅定的人卻比較容易撐過。聰明的你，那何不選擇相信呢？

祂為我們的過犯受害，為我們的罪孽壓傷。因祂受的刑罰，我們得平安；因祂受的鞭傷，我們得醫治。

——〈以賽亞書〉五十三章五節

But He was wounded for our transgressions; He was bruised for our iniquities. The chastisement of our peace was upon Him, and with His stripes we are healed.

——Isaiah 53:5

因為，人心裏相信就可以稱義，口裏承認就可以得救。

——〈羅馬書〉十章十節

For it is with your heart that you believe and are justified, and it is with your mouth that you confess and are saved.

——Romans 10：10

所以你們要彼此認罪，互相代求，使你們可以得醫治。義人祈禱所發的力量是大有功效的。

——〈雅各書〉五章十六節

Therefore confess your sins to each other and pray for each other so that you may be healed. The prayer of a righteous man is powerful and effective.

——James 5：16

討論：

1. 上帝是否曾經醫治你的疾病？請分享你因信仰而增強耐痛度的經歷。

2. 你是否一邊禱告祈求醫治，一邊口裡又說著負面的話？

3. 你是否能將心中常有的疑惑也憑信心交託給主？

42
話不投機半句多

　　一位牧師去探望一名初信的企業家。這名企業家事業成功，每天有開不完的會，忙不完的事。

　　牧師走進他家，發現客廳的牆上掛著一幅字畫，仔細一看，是一篇禱告辭。這篇禱告辭並不是《聖經》裡記載的主禱文，內容很普通，包括：「求上帝賜給我家庭平安、工作順利，生活愉快……」等等。

　　牧師好奇地問：「這是你自己的禱告辭嗎？」

　　企業家回答：「是呀！正是我禱告的內容。」

　　牧師說：「為什麼特別把這篇禱告辭裱起來掛在牆上呢？」

　　企業家答道：「牧師！我實在非常、非常忙碌，根本沒有時間禱告。而且我每天禱告，禱告來禱告去也都是這些內容，乾脆就請人把它寫下來，裱起來掛在牆上。我對上帝說，主啊！我實在太忙，沒時間禱告，就請祢每天自己來這裡看看好了！」

　　牧師啼笑皆非，一時不知該如何反應。

企業家又得意地對牧師擠擠眼說：「我還有一個用意，因為上帝每天要來這裡看我牆上的禱告辭，那麼祂就會每天光臨我家了。牧師，你看我這樣做是不是很聰明？」

　　牧師想了想，沒有正面回答，反問他：「你兒子平常跟你聊天嗎？」

　　企業家說：「有啊！我每晚在他睡前都會去跟他聊天，有時他興致高時，我們父子倆還會聊到很晚哩！」

　　牧師笑了笑，舉了個例子提醒企業家，「那，如果有一天，你兒子不再跟你說話，只是寫個字條貼在牆上：爹地！晚安！請你每晚過來看這張字條，然後把要給我的零用錢放在這裡就行了。如果你兒子跟你這樣『話不投機半句多』，你作何感想？」

　　牧師又補充道：「你若不喜歡兒子這樣對你，你又怎能這樣對待天上的父呢？」

分　享

　　朋友！基督教的上帝，是啟示的上帝，祂是會與信徒對話的上帝。當我們禱告，就是在和上帝說話，上帝也會用各種方式將祂的心意啟示給我們知道。禱告並不單是把所需要的告訴上帝，

更是要藉此與上帝產生心靈的交會，才能接獲祂的啓示與回應。

上帝就是愛，如果我們愛祂，與祂的關係就充滿愛。就像兩個相愛的人，必定是無所不談，而且無時不想多談，再忙，也會找時間出來談。俗話說：酒逢知己千杯少，話不投機半句多。只有兩個沒有感情的人在一起，才會話很少，或不想多談，連說上半句都嫌多。

忙碌，往往阻礙了人與上帝的親近；世俗的纏累，硬是把上帝撒在我們心中的真道給擠住了。如果我們依舊不能將時間分別為聖，仍任自己忙得抽不出時間來與上帝交通，我們的靈命將因缺乏靈糧而迅速枯萎。

上帝給了信徒禱告祈求的特權，如果輕易放棄禱告，就得不到祂的回應與賜福。上帝也給了信徒親近祂的特權，但若自己主動拒絕祂，把心門關上，祂如何能天天光臨呢？

因此，再忙也要禱告，找時間與上帝交通，當成第一順位的排序，因為這比任何事都重要！

那撒在荊棘裏的，就是人聽了道，後來有世上的思慮、錢財的迷惑，和別樣的私慾進來，把道擠住了，就不能結實。

——〈馬可福音〉四章十八、十九節

抉擇的智慧

Still others, like seed sown among thorns, hear the word; but the worries of this life, the deceitfulness of wealth and the desires for other things come in and choke the word, making it unfruitful.

——Mark 4：18-19

你們親近神，神就必親近你們。

——〈雅各書〉四章八節

Come near to God and he will come near to you.

——James 4:8

常常喜樂，不住禱告，凡事謝恩。因為這是　神在基督耶穌裏向你們所定的旨意。

——〈帖撒羅尼迦前書〉五章十六～十八節

Be joyful always; pray continually; give thanks in all circumstances, for this is God's will for you in Christ Jesus.

——1 Thessalonians 5:16-18

討論：

1. 你每天花多少時間與上帝交通？

2. 如何做好時間管理，不讓俗務阻擋你與上帝的交通？

3. 請分享禱告的重要性。

43

野狗與家犬

　　休斯太太頗有母愛，她很想在懷孕生子之前養一隻寵物。她向上帝禱告：「親愛的天父，我沒有錢去寵物店買一隻小貓或小狗，但我真的很想要有一隻寵物。求祢賜給我吧！」

　　有一天，休斯太太在廚房忙碌，突然抬眼向窗外看，怎麼有一團黑白相間的小球在那裡滾來滾去，一下子就不見了。

　　連續幾天的密切注意，休斯太太發現那團東西原來是一隻小狗，顯然是一隻無家可歸的流浪狗。

　　但是每次當休斯太太一接近，牠就立刻跑不見了，怎麼找也找不到。

　　休斯太太又興奮又沮喪地把這件事告訴丈夫，她說：「我們院子來了一隻好可愛的小狗，可是牠總是看到我就跑掉了，不知是不是上帝要賜給我的。」

　　休斯先生安慰太太：「不要懷疑！一定是的。」他說，「上帝賜迦南地給以色列人，也要他們逐步去佔領，

沒有不勞而獲的。上帝給了我們這隻小狗，現在就看我們怎麼去佔有牠了！」

休斯先生於是和太太準備了兩個碗，一碗盛了水，一碗盛了狗糧，放在那小狗常出沒的角落。

接連幾天傍晚，休斯先生下班回到家，太太就急忙帶他去看那兩個空碗，告訴他：「小狗今天有來吃東西，但我一出聲牠就跑掉了，好像很怕我似的，我只好躲在屋裡偷偷看牠。」

再隔幾天，休斯太太報告：「我今天在屋裡看小狗吃東西，出聲跟牠打招呼，牠沒有跑掉，還歪著頭看我。但我一出去，牠又跑了。還是有點怕我。」

又隔幾天，休斯太太報告：「小狗狗今天讓我在遠遠的地方看牠，牠沒有跑掉。但只要看到我在，牠就不肯吃東西，要等我離開，牠才肯吃。」

她自言自語地說：「牠要怎樣才相信我，知道我是愛牠的呢？」

終於有一天，休斯太太興奮地說：「小狗狗今天讓我餵牠吃東西，吃完還跟我玩了半天。」

於是很快地，休斯先生和太太一起把小狗狗引進家門了。休斯太太幫牠準備了臥舖，還帶牠去洗澡。

休斯太太說：「感謝上帝！小狗狗真的屬於我們了，

我真的擁有上帝賜給我的禮物了！」

現在，每當休斯太太看報紙，小狗就靜靜地趴在她的膝蓋上陪她，休斯先生用餐時，小狗也繞在身邊享受牠的狗食。休斯先生說：「小狗現在是我們家的一份子了，可以享用我們家的東西。牠已經從野狗變成家犬了！」

只要聽到休斯太太叫喚，就可以看到小狗像一團黑白小球般衝過去，貼在她的腳邊。休斯太太說：「牠認得我們的聲音，還聽懂我們的話呢！」

而每天傍晚當休斯先生下班回家，只要車聲在院子響起，那團黑白小球也立刻衝過去，跳到他身上。小狗知道主人愛牠，牠再也不害怕與主人親近了！

分　享

朋友！上帝應許賜給我們禮物，但要我們願意去取，才能享用！

上帝賜給我們的禮物，往往不是直接送到我們懷裡，而是要我們願意去取，才能真正得到並享用。就像故事裡的小寵物，需要休斯太太願意將牠從野狗變成家犬，和牠建立友好關

係，才算真正得到牠。

《聖經》記載，上帝將流奶與蜜的迦南地賜給以色列人，但並非讓以色列人直接進駐，而是要以色列人作戰，攆出其地的居民，才能真正佔領並擁有迦南地。(〈出埃及記〉33：1-3)

上帝應許做人們的天父，要賜福保護人們；也應許讓人們做祂的兒女，使人們有權利享用祂的產業及福份。這是一項何等光榮與寶貴的禮物！但也要人們透過信心去取。只要人們願意「信」，就可以取得那份祂所賜的「義」，從此成為祂的兒女，也成為上帝國度的一份子。

這就是基督教所說的「因信稱義」——只要相信耶穌基督，就成為上帝眼中的義人。祂就做他們的天父，他們就成為祂的兒女。

一旦成為上帝家的人，就能享受父家的許多優惠與權利，享受與天父的親密關係，享受祂的愛，祂的呵護。就像故事裡的小狗，可以享受主人家的溫暖，享受與主人的親密關係，享受他們的愛與照顧。

與上帝建立親密的父子關係，是人最大的福份，從此進入「天人合一」的境界。人與上帝的關係，能使人認得上帝的聲音，上帝也認得祂每一個兒女。人們用禱告跟上帝說話，上帝用啟示回答祂的兒女。

兒女遇到困難，上帝就幫助；兒女缺乏，祂就供應；兒女

受傷，祂就安慰；兒女迷路，祂就引領。祂在《聖經》應許：「我必親自作我羊的牧人，使牠們得以躺臥。失喪的，我必尋找；被逐的，我必領回；受傷的，我必纏裹；有病的，我必醫治。」（〈以西結書〉34：15-16）

兒女確定天父是愛他們的，從此就不再害怕，可以坦然無懼地到祂的面前，得憐恤，蒙恩惠，要求父親作兒女隨時的幫助。（〈希伯來書〉4：16）

這樣的父子關係，是何等美好的禮物！聰明的你，願不願意去取呢？

所以，我們只管坦然無懼地來到施恩的寶座前，為要得憐恤，蒙恩惠，作隨時的幫助。

——〈希伯來書〉四章十六節

Let us then approach the throne of grace with confidence, so that we may receive mercy and find grace to help us in our time of need.

——Hebrews 4：16

我要作你們的父；你們要作我的兒女。這是全能的主說的。

——〈哥林多後書〉六章十八節

I will be a Father to you, and you will be my sons and daughters, says the Lord Almighty.

——2 Corinthians 6：18

你們所受的，不是奴僕的心，仍舊害怕；所受的，乃是兒子的心，因此我們呼叫：「阿爸！父！」聖靈與我們的心同證我們是上帝的兒女；既是兒女，便是後嗣，就是上帝的後嗣。

——〈羅馬書〉八章十五～十七節

For you did not receive a spirit that makes you a slave again to fear, but you received the Spirit of sonship. And by him we cry, "Abba, Father." The Spirit himself testifies with our spirit that we are God's children. Now if we are children, then we are heirs—heirs of God.

——Romans 8：15-17

討論：

1. 對於上帝在《聖經》中所做的應許，你是否願意去取來享用？

2. 你是否認得上帝的聲音？是否聽得到祂對你禱告的回答？

3. 你是否可以感受到天父愛你，所以不再害怕，敢向祂提出要求？

44
獅子必不傷我

有個信仰非常火熱的初信者，他家就住在動物園旁邊。

有一天，他聽牧師證道，談「信心」。牧師引用《聖經》說：「你們禱告，無論求什麼，只要信，就必得著。」又說：「有很多人因為信心不足，耶穌就斥責他們是『小信』！」

這名初信者決定不要作「小信」的人。

他回家自己閱讀《聖經》，讀到但以理的故事，得知但以理雖被下到獅子坑中，但在上帝的保佑下，獅子也不咬他。這名衝動的初信者決定進入動物園去挑戰獅子。他假想自己是但以理，上帝一定會保護他，去封住獅子的口。他一想到這個點子，就非常興奮，覺得再刺激不過了。

他信心十足地想：「上帝承諾說凡是禱告，只要信，就必得著。我現在就禱告求獅子不咬我，我相信上帝絕對會保護我，不叫我受傷。我千萬不可做那小信的人！」

不幸的，在他興奮地去挑戰獅子的時候，獅子還是咬傷了他。幸賴動物園的管理員趕快把他拖出柵欄，才保住

一條命。

　　這名初信者大惑不解，在病床上迫切禱告，想要知道為什麼耶穌沒有遵守祂的承諾。就在他將醒未醒的夢中，耶穌來到他的病床前安慰他。

　　他問耶穌：「您說只要信，就必得著。我相信您一定會保護我，可是獅子還是咬了我，我到底錯在哪裡？」

　　耶穌慈祥地回答他說：「傻孩子！我那句話是對門徒彼得他們說的呀！如果你也像他們一樣捨棄所有一切跟從我，才能適用呀！」

　　這名初信者又問：「那我以後禱告祈求還有用嗎？」

　　耶穌說：「當然有用呀！我不是差雅各和彼得帶著我的提醒函給你嗎？就是因為聽了你的禱告，所以要讓你避開災禍呀！」

　　這名初信者想起來，牧師那天證道時的確有提到〈雅各書〉上說的：「你們求也得不著，是因為你們妄求。」

　　但他忘了牧師是怎麼說的。

　　還，有在他要挑戰獅子的那天清晨，教會一位弟兄跟他談到「警醒」，引用《聖經》〈彼得前書〉五章八節的話：「因為你們的仇敵魔鬼，如同吼叫的『獅子』，遍地遊行，尋找可吞吃的人。」

　　這不是明明白白在提醒他要小心獅子嗎？怎麼他都沒

想到？

初信者非常懊惱地向耶穌承認：「是我疏忽了，錯過您發給我的訊息了。」

耶穌安慰他說：「沒關係！即使你失敗了，我仍然保守你，為你開路。我承諾過，你所受的試探決不會大過你所能承受的，必要時會為你開了一條出路。我不是讓管理員及時趕到，把你從獅籠中救出來嗎？」

初信者恍然大悟，原來信心的操練也是有「嘗試與錯誤」的過程。即使失敗，耶穌也會把你接住，不會讓你萬劫不復。

分　享

朋友！膽識不足的信心是「小信」，妄求的信心是「盲信」！缺乏警醒的信心是「愚信」！

我們固然要操練信心，完全相信上帝的話，但是也不要忽略了上帝在承諾時所附的但書。換句話說，在我們和主耶穌簽約的時候，合約務必要先看清楚。祂承諾只要我們信，求什麼都可得到。祂也附了但書：不可妄求。

《聖經》上明言：「不可試探主──你的上帝。」（〈申命

記〉6：16)故事裡這位初信者「故意向獅子挑釁，卻要上帝保護」的行為就是在試探上帝。因此，只要動機不對，他的祈求就是「妄求」。既是妄求，求也得不著。

上帝與人同行的記號就是「平安」，凡是沒有平安的事，就不是出於上帝。所有太過負面的興奮與刺激的感覺，都可能是因為自己跑太快，已經不小心跑出上帝的保護傘了。

人生旅途中，我們受到魔鬼的試探何其之多；魔鬼正如吼叫的獅子，遍地尋找可吞吃的人。所幸上帝承諾為我們「預備一條出路」(〈哥林多前書〉10：13)，這樣永恆不變的保障，永遠在危急的時候保守著我們的平安。

信心的功課是一步一腳印的，像砌磚一樣，慢慢累積成長，絕非一蹴可幾。但上帝卻很有耐心，容許我們有時候會犯錯，祂也讓我們在「嘗試與錯誤」中學習。經過各樣歷練、錯誤、與修正，我們的信心將更臻於堅實。

而當信心完全，我們就必領受奇蹟！我們沒有領受奇蹟，因為我們信心不夠完全。

你們禱告，無論求甚麼，只要信，就必得著。」

　　　　　　——〈馬太福音〉二十一章二十二節

If you believe, you will receive whatever you ask for in prayer.

　　　　　　——Mathew21:22

你們求也得不著，是因爲你們妄求(或：動機不對)。

　　　　　　——〈雅各書〉四章三節

When you ask, you do not receive, because you ask with wrong motives.

　　　　　　——James 4:3

你們所遇見的試探，無非是人所能受的。上帝是信實的，必不叫你們受試探過於所能受的；在受試探的時候，總要給你們開一條出路，叫你們能忍受得住。

　　　　　　——〈哥林多前書〉十章十三節

No temptation has seized you except what is common to man. And God is faithful; he will not let you be tempted beyond what you can bear. But when you are tempted, he will also provide a way out so that you can stand up under it.

　　　　　　——1Corinthians 10:13

討論:

1. 請解釋何為小信、盲信,與愚信。

2. 你是否也曾經誤以自己的意思為上帝的意思?

3. 上帝的記號與證據就是平安。試分享平安的感覺。

45
瘸子的醫治

　　盛傳，歐洲一個偏僻小鎮有一座特別的聖泉，十分靈驗，常會出現神蹟，能醫治各種疾病。於是許多人不遠千里而來，就是想醫病。

　　小鎮居民已經習慣絡繹不絕的病人川流不息來來去去。據說經過聖泉洗禮，坐在輪椅上的中風病人得以站起來走動，患眼疾的病人得以視力改善，聽力受損的病人得以改善聽覺。

　　有一天，一個在戰場上失去一條腿，剛退役返鄉的軍人，聽說了聖泉的盛名，也想去求醫治。但是他的家人並不以為然，認為那實在太迷信了。他們說：「省省力氣吧！聖泉是不可能讓你恢復失去的那條腿的！」

　　他絕望地向上帝禱告：「天父啊！失去了一條腿，我真不知該如何過日子！求祢讓我知道未來日子該怎麼過下去！」

　　上帝垂聽了他的禱告，回應他說：「孩子！去吧！去受聖泉洗禮。我賜給你的，是超過你所求所想的。」

　　於是這個少了一條腿的退役軍人，拄著枴杖，面帶憂

愁，一跛一跛地來到小鎮。他並沒有抱太多幻想與希望，只不過想順服上帝的指示罷了。

在接受了聖泉的洗禮之後，這名退役軍人又一跛一跛地回到了家鄉，只是臉上的憂愁不見了，反而笑容滿面。

他的家人看他還是拄著枴杖回來，對他說：「你瞧！跟你說沒用吧！上帝並沒有把你失去的那條腿還給你呀！」

退役軍人卻回答說：「我本來就不是要向上帝祈求還我失去的那條腿，而是祈求祂教我如何在失去一條腿後還能好好過日子。」

他說：「然而，上帝賜給我的卻遠超過我所求所想。祂透過那位為我洗禮的牧師，指示我到一家醫療機構裝義肢。我已去訂製了，下個月，我即將有一條新的腿了。」

「另外，」他繼續說，「小鎮的退役軍人俱樂部已經答應，在我裝好義肢之後，願意聘我當他們的職員。」

退役軍人的家人聽了十分驚歎於他的幸運，又看到他對未來的日子充滿了信心與希望，從此信了上帝，並四處宣揚聖泉的靈驗。

分　享

　　朋友！身體的缺陷並不能阻擋心靈的平安與富足。只要心靈得醫治，生命便得以更新。那麼，日子如何，力量也如何！

　　聖泉的醫治雖然沒有讓癱子重獲他失去的腿，卻醫治了他的心，給了他新的生命。這充滿信心與希望的新生命，可能比過去的還更豐盛。上帝所賜的神蹟，未必一定是驚天動地的奇事，可能只是在心靈微小之處，讓人在一念之間改變觀念，從而改變了整個人生的命運。

　　人的盡頭往往是上帝的開始。唯有在生命的谷底，人才肯謙卑地向上帝祈求。上帝愛世人，在《聖經》中應許：「只要祈求，就給你們；尋找，就尋見；叩門，就給你們開門。」（〈馬太福音〉7：7）

　　只要願意承認上帝的主權，上帝就願意伸出幫助的援手。祂賜下勇氣，讓我們接納殘酷的現實；祂賜下智慧，讓我們度過人間疾苦；祂賜下恩典，讓我們重燃信心與希望。

　　缺憾的身體，需要有一顆順服的心去接納現實，並且需要有一顆謙卑的心去調適未來。肯面對現實，未來就有希望！

　　所謂神蹟，就像擦一根火柴，點燃意想不到的火花。讓原來絕望的生命，重燃信心與希望，為未來開一條繽紛的道路。

你的日子如何，你的力量也必如何。

　　　　　　　——〈申命記〉三十三章二十五節

As your days, so shall your strength be.

　　　　　　　——Deuteronomy 33：25

求你指教我們怎樣數算自己的日子，好叫我們得著智慧的心。

　　　　　　　——〈詩篇〉九十篇十二節

Teach us to number our days, that we may gain a heart of wisdom.

　　　　　　　——Psalm 90：12

神能照著運行在我們心裏的大力充充足足地成就一切，超過我們所求所想的。

　　　　　　　——〈以弗所書〉三章二十節

Now to him who is able to do immeasurably more than all we ask or imagine, according to his power that is at work within us.

　　　　　　　——Ephesians 3：20

討論：

1. 你是否曾經不曉得日子該怎麼過，而對未來絕望？後來你是如何找回希望的？

2. 對發生在自己身上的事，你是否也曾經不肯面對現實？

3. 分享你曾經於一念之間改變的觀念。

46

也是偶像

　　有一對既虔誠又熱心的夫婦，總是在教會愛心事奉，行善、佈施不遺餘力。

　　這對夫婦結婚多年，膝下猶虛。於是他們向上帝禱告，祈求上帝賜給他們一個孩子。教會的傳教士及全體弟兄姊妹也都為此事熱切禱告。

　　果然，沒多久，上帝回應了他們的期盼，賜給他們一個兒子。這對夫婦欣喜若狂，如獲至寶。

　　他們對兒子非常疼愛，照顧得無微不至；兒子佔據了他們所有的注意力，成為他們生活全部的重心。於是，他們漸漸不再熱心教會事務，也不再有時間行善佈施；所有與兒子無關的活動都停頓了。

　　傳教士憂慮地為這對夫婦的靈命禱告，並多次探訪他們，但他們仍以忙碌為由，不再熱心公益。

　　有一天，傳教士又去探望這對夫婦，詢問他們是否請了什麼神明或偶像到家裡供奉或祭拜？

　　傳教士憂慮地告訴這對夫婦：「我昨天在睡夢中，上

帝告訴我，祂要除去你們家的偶像。」接著又說：「上帝不斷強調著十誡中的誡命：『除我以外，你們不可有別的神！』」

這對夫婦一頭霧水，說：「沒有哇！我們並沒有供奉什麼偶像在家裡呀！」夫婦倆彼此確定沒有之後，更揶揄傳教士：「您是不是得了幻想症呀？」

傳教士帶著滿腹疑惑，回家了。

隔天，消息傳來，這對夫婦的寶貝兒子死了。他們帶兒子出門逛街，兒子太頑皮，到處亂跑，驕縱得連父母都管不住，一不小心，就掉落池塘溺斃了。

更糟的是，那位太太受不了失去兒子的刺激，上吊自殺。還好，在最後一分鐘，被救了下來。

傳教士恍然大悟，原來上帝所說的偶像，是指他們的兒子。上帝要除去的是他們心中的偶像。自從上帝賜給這對夫婦兒子之後，他們就把兒子當神款待，兒子在他們心中的地位，已如偶像一般，遠超過真正的造物者與天道了。

分　享

　　朋友！《聖經》裡所謂的偶像，是泛指所有在人心中比上
帝還大的東西。

　　上帝就是天道，是統管宇宙的主宰，是萬事萬物的依歸。
所有生命賴以更替，人間倫常賴以維繫。生死以其為定奪，福
禍由其來命定。

　　天道，是一切事物的法則，是一切是非的標準。違背天道
必定衰敗，抗拒天道必定滅亡。因此，所有被高舉超越天道的
事物，就是違抗天道的偶像。

　　例如有人視錢如命，金錢就是他的偶像。有人視名位為一
切，那名位就是他的偶像。

　　故事中的孩子溺斃，一般的人會說，「遭天妒」！

　　傳道士則理解到，是因為他們把孩子當成偶像，與《聖經》
所說不可拜偶像的誡命相違背。因此上帝為他們把偶像除去，
避免一個驕縱的孩子長大，為父母帶來難以收拾的禍患。

　　一般認為，孩子在父母心目中的地位當然是非常重要的，
即使佔第一位，也無可厚非，不致成為「罪」。但是故事中的
母親，沒有了孩子，自己也不想活了；可見在這母親的心目
中，孩子的地位已然超越了母親自己，甚至超越了賦予她生命

的上帝，因她不肯承認上帝對生命有主宰大權。

事實上，孩子的生命本來就是上帝所賜，上帝在《聖經》裡揭示：「我要恩待誰就恩待誰；要憐憫誰就憐憫誰」（〈出埃及記〉 33：19)。上帝就是天，無人能與之對抗，祂要賜誰生命就賜誰生命，祂要誰亡誰就亡。天有天意、天命、天道，上帝也有祂的道理，只是我們未必明白。

許多金錢方面的例子也是一樣。有拜金者視錢如命，遭逢經濟不景氣，生意失敗，極易從此一蹶不振。反而平時重義輕利的人，會覺得金錢損失不足惜，學到經驗更重要；這等人捲土重來、東山再起反而比較容易。

中國古語：順天者昌，逆天者亡。天道應是每個人生命中的最高指導原則；如果有比天道還重要的東西盤據你心中，那麼逆天者亡，禍就不遠了！

所以，親愛的朋友們，你們要遠避拜偶像的事。

　　　　——〈哥林多前書〉十章十四節

Therefore, my dear friends, flee from idolatry.

　　　　——1Corinthians 10：14

事奉他們的偶像，這就成了自己的網羅。

　　　　——〈詩篇〉一百〇六篇三十六節

They worshiped their idols, which became a snare to them.

　　　　——Psalm 106：36

除了我以外，你不可有別的神。

　　　　——〈出埃及記〉二十章三節

You shall have no other gods besides me.

　　　　——Exodus 20：3

討論：

1. 在你生命中，是否有人比天還重要？

2. 世俗中常見的無形偶像有哪些？試舉例之。（如金錢、地位等。）

3. 你是否也把這些無形的偶像看得比天道還重？

47
勤勞的撒但

　　如果要選誰是教會裡脾氣最好的長輩，那一定非翠西阿姨莫屬了。

　　翠西阿姨總是和藹可親，從未對人疾言厲色過，是大家公認最有修養、最有耐性的人。

　　她凡事都往正面看，朝積極面想，一概從樂觀的一面來解釋事情。「感謝主！」是她的口頭禪。

　　翠西阿姨遵行聖經的訓示，絕不說髒話，也不說罵人或責備人的難聽話。她只說讚美人、鼓勵人的好話。

　　翠西阿姨非常善於發掘別人的優點，並給予稱讚，她從不去看別人的缺點。

　　碰到調皮搗蛋的小湯姆，翠西阿姨稱讚他「活潑可愛」；碰到不愛理人的珊蒂，翠西阿姨稱讚她「溫和文靜」。

　　警察抓到偷人東西的竊賊強生，強生辯稱他偷竊是為了要幫老母付醫藥費。翠西阿姨馬上稱讚強生：「真是個孝順的孩子！」

　　翠西阿姨總是說：「每個人都有長處，再壞的人也有他的優點，就看我們有沒有用心去觀察。」

　　有一天，頑皮的保羅問翠西阿姨：「撒但是好人還是壞人？」

　　翠西阿姨回答他：「當然是壞人呀！而且是最壞、最壞的。」

　　保羅說：「您說再壞的人都有優點，那撒但呢？牠有什麼優點？」

　　翠西阿姨愣了一下，想了想，說：「有啊！撒但也有優點的，牠的優點就是牠非常勤勞，從來不偷懶。」

分　享

　　朋友！務必警醒！因為撒但的詭計無孔不入，牠害人從不歇手。單是從撒但為人類製造的產品項目，就可以看出牠工作多麼勤奮。

　　《聖經》馬可福音記載撒但的產品有：偷盜（theft）、凶殺（murder）、淫亂（adultery）、貪心（greed）、邪惡（malice）、詭詐（deceit）、放蕩（lewdness）、嫉妒（envy）、毀謗（slander）、驕傲

（arrogance）、狂妄（folly）等。（馬可福音7：21-22）

〈羅馬書〉也記載了撒但的產品有：不義（wickedness）、邪惡（evil）、貪婪（greed）、惡毒（depravity），滿心是嫉妒（envy）、兇殺（murder）、爭競（strife）、詭詐（deceit）、毒恨（malice）；讒毀的（gossips）、背後說人的（slanderers）、怨恨神的（God-haters）、侮慢人的（insolent）、狂傲的（arrogant）、自誇的（boastful）、捏造惡事的（invent ways of doing evil）、違背父母的（disobey their parents）、無知的（senseless）、背約的（faithless）、無親情的（heartless）、不憐憫人的（ruthless）。（羅馬書1：29-31）

撒但不但在生產方面努力不懈，在行銷方面也勤勞不休。牠早已把自家產品推銷到世界各地。環顧四周，在這個墮落的世代，在黑暗掌權的世界裡，縱容自己採用上述撒但牌產品的人，何其之多啊！

撒但牌產品大行其道，行銷遍及天涯海角。在這個既昏暗又冰冷的世界，到處充滿撒但的陷阱，我們能不警醒嗎？

務要謹守，警醒。因為你們的仇敵魔鬼，如同吼叫的獅子，遍地遊行，尋找可吞吃的人。

——〈彼得前書〉五章八節

Be self-controlled and alert. Your enemy the devil prowls around like a roaring lion looking for someone to devour.

——1 Peter 5:8

撒但想要得著你們，好篩你們像篩麥子一樣。

——〈路加福音〉二十二章三十一節

Satan has asked to test all of you as a farmer sifts his wheat.

——Luke 22:31

那美好的仗我已經打過了，當跑的路我已經跑盡了，所信的道我已經守住了。

——〈提摩太後書〉四章七節

I have fought the good fight, I have finished the race, I have kept the faith.

——2 Timothy 4：7

討論：

1. 你是否曾經掉入撒但的陷阱？在何種情況之下掉入的？

2. 試分析撒但的每一項產品，並檢視自己的內心與行為。

3. 該如何警醒自己，不要再落入撒但的陷阱？

48
栽種與澆灌

　　一位年輕傳道人剛從神學院畢業，自願到一個偏僻的小鎮的小教堂去牧會。這座小教堂十分破落，已經多年沒有牧師，平時來聚會的信徒也很少。

　　小教堂門口是一大片空地，因為乏人清理，雜草叢生。行人們總是選擇繞道而行，避開這片荒蕪，當然也避開了這間不起眼的小教堂。

　　小教堂信徒少，經費不足，樣樣事情都必須牧師親力親為。面對這樣的環境，真是有點棘手。牧師於是花了幾天時間，向鄰居借來一部除草機，把空地清理出來。但是空地沒有使用，不多久，雜草又冒出來了。牧師不好意思老是向人借除草機，小教堂又買不起除草機，只好任由雜草亂長。

　　沒隔多久，空地又恢復了以前的荒蕪。牧師很無奈，只能不斷禱告，求上主指示他該走的路。

　　這時，有人送了牧師一堆快過期的花種，他決定利用一下。於是再去向人借除草機來清理空地。只是這次在除

完雜草之後，馬上接著鬆土，然後把花種撒下，並天天澆灌。

果然，空地不久就長出了各式的花朵，一大片的荒草變成了五顏六色的花圃。小教堂門前的道路，又開始有行人經過了。

有一天，牧師又在小教堂前面照顧他的花圃。

一名鄰近小學的小學生走過來，很羨慕地看著花圃中的花，問牧師說：「可以摘一朵花送給我嗎？」

牧師問：「你想要哪一朵？」

小學生指了指一朵鬱金香。

牧師說：「好，這花給你！但是，你把花留在這裡，讓它多開幾天，好不好呢？要是現在摘下來，一下就枯萎了。」牧師提醒他：「反正這花現在已經是你的了！」

小學生想想，答應了，「那我就每天放學來看我的花！」

那天放學，小學生帶了五、六個小朋友來看他的花。他們也都要求牧師送花給他們。牧師一一答應了。小朋友們興高采烈地挑選好自己喜愛的花，然後又高高興興地回去了。

於是一群小朋友天天放學以後都到小教堂來了。過幾天，來了更多的小朋友。甚至家長、老師都跑來了。

小教堂變成了師生們放學後最愛去的地方。大家在這裡切磋栽培的技巧，並研究花藝。每個人照顧自己的花，澆水、修剪，牧師的工作輕鬆多了。

　　人來人往之下，小教堂熱鬧起來。牧師也藉此機會傳講上帝的道，在他們中間撒下福音的種子，栽培了不少信徒。不久，小教堂變成信徒眾多的大教堂了。

　　在周年慶的禮拜中，牧師以「栽種與澆灌」為題證道。他見證說：「《聖經》上說這個人栽種，那個人澆灌，唯有上帝可以讓它成長。這話果然不錯的。」

分　享

　　朋友！要怎麼收穫，先怎麼栽！這人栽，那人澆，唯上帝叫它長。《聖經》用撒種的比喻來形容真道的傳播。撒種之人撒的種就是上帝的道。人的心田就是被撒種的土壤。

　　把種撒在路旁，鳥兒來就啄光了；比喻人聽道沒聽明白，魔鬼就把道搶走了。把種撒在石頭上，太陽一曬就乾掉了；比喻人聽道沒紮根，一遇逼迫就絆倒了。把種撒在荊棘裡，荊棘一長就擠住了；比喻人雖聽了道，卻被世俗的思慮及錢財的迷

惑掐住了。唯有把種撒在好土裡，才能結實；比喻人聽了道，領受了，並結出平安喜樂等好果子。(〈馬太福音〉13：3-8,18-23)

撒種之前當然要先整地，清除雜草，種子才能深入泥土。但若好不容易整好地，卻遲遲不撒種，那麼雜草還是會再長出來，甚至比先前更荒蕪。傳講上帝的道也是一樣，要先潔淨人心，用悔改認罪把邪惡的心思與罪性除去，才能接受真道。如果好不容易潔淨了心田，卻遲遲沒有認識真道，那不多久，心田還是會荒蕪，恐怕比先前更糟。

這和《聖經》講的趕鬼的比喻一樣。有個人被污鬼附身，後來污鬼被趕出去，四處尋求可安歇之處。但因為找不著，就回到原來的地方。這時看到裡面空著，且已打掃乾淨，就去邀了七個更惡的鬼來一起同住，於是那人就更慘了。(〈馬太福音〉12：43-45)

鋤草整地之後，才能撒種栽種；撒種栽種之後，還需有人澆灌維護。故事中聰明又慷慨的牧師在辛苦栽種之後，卻願意把花送給別人，借力使力，讓別人來澆灌，也成功地建立了教會。正應驗了《聖經》中說的：「我栽種了，亞波羅澆灌了，惟有上帝叫它生長。」(〈哥林多前書〉3：6)

怎麼收穫先怎麼栽，但不一定全部操之在我。能捨，才能得。

撒種之人所撒的就是道。

——〈馬可福音〉四章十四節

The sower sows the word.

——Mark 4：14

要開墾你們的荒地，不要撒種在荊棘中。

——〈耶利米書〉四章三節

"Break up your unplowed ground and do not sow among thorns.

——Jeremiah 4:3

可見栽種的，算不得甚麼，澆灌的，也算不得甚麼；只在那叫他生長的上帝。

——〈哥林多前書〉三章七節

So neither he who plants nor he who waters is anything, but only God, who makes things grow.

——1 Corinthians 3：7

討論：

1. 請說明《聖經》中耶穌所說的撒種的比喻。

2. 請說明《聖經》中耶穌所說的污鬼帶回七個惡鬼的比喻。

3. 你的心田屬於哪種土壤呢？撒種之後會有什麼反應？

49
安抵何處

　　瓊絲老太太從英國倫敦要去美國紐約探看女兒，她乘坐一艘郵輪，要橫過大西洋。不料，郵輪在半途遇上了暴風雨，大雨和海浪交織，波濤洶湧。船隻在驚濤駭浪中掙扎，情況非常危險。

　　全船的人都感到十分恐懼，大難即將臨頭，眼看大家就要性命不保了。有的人哭喊，有的人哀嚎，有的人面色如土，合掌禱告。

　　唯有瓊絲老太太頗為鎮定，看不出一點慌張或驚恐。她努力地拉整自己的衣裳，好像已經做好殉難的準備。

　　一名旁邊的乘客看到瓊絲老太太這樣鎮靜，一點也不害怕的樣子，以為她不明白這艘船現在的處境，於是告訴她：「老太太！你知道現在我們的船非常危險嗎？說不定，我們撐不過明天就要葬身大海了呢！」

　　瓊絲老太太回答他說：「我知道呀！我們遭船難了。」

　　那名乘客好奇地問：「那您不害怕嗎？看您似乎一點都不緊張，是不是您有什麼逃生的辦法？」

瓊絲老太太說：「我並沒有什麼逃生的辦法呀！只是我想，如果船真的遇難，我就早點回天家去，早點與我那死去的老伴相聚。所以我為此感謝上帝！」她又平靜地說，「但是如果能平安度過風暴，我就可以去看好久沒見面的女兒了。所以我也為此感謝上帝！」

「不論是去見老伴，還是去見女兒，都是我渴望很久的事！所以兩樣我都感謝上帝！」瓊絲老太太鎮定中帶著一絲興奮，卻一點也不憂愁。

分　享

朋友！人死後要去哪裡？你害怕嗎？你會為死亡而憂愁嗎？其實，對於碰到船難的旅客來說，憂愁或掛慮並不能解決問題，反而會擾亂情緒，無法鎮定面對現實，說不定因此作出錯誤的決定。

《聖經》教導我們說：「應當一無掛慮，只要凡事藉著禱告、祈求，和感謝，將你們所要的告訴上帝。」這樣就可以獲致出人意外的平安。又說：「要將一切的憂慮卸給神。」這裡是說「一切」的憂慮，不是說部分的憂慮，或百分之八十的憂

慮，而是指所有百分之百的憂慮，都要交出去給上帝。

因此，危急時刻該怎麼做呢？就是禱告、祈求、和感謝。但是，若情況非常危急，又該如何感謝？又感謝什麼呢？

這種情況，以《聖經》中大衛王在急難中的感謝最具代表性。他在被追殺的時候，從不忘記感謝，甚至用感謝替代呼求，表達了他對上帝最深的信靠。他說：「我倚靠上帝，必不懼怕。人能把我怎麼樣呢？」(〈詩篇〉56：11)

大衛就曾做過如下的禱告，以感謝來替代一味的呼求：「主啊，求你救我的靈魂脫離他們的殘害！我在大會中要稱謝你，在眾民中要讚美你。」(〈詩篇〉35：17-18)

雖然急難的時候一般都會呼求，這比較符合人性；但在急難中感謝，卻更為有效！為什麼呢？

因為上帝的恩典其實早就準備要賜下。急難時呼求，情緒通常是激動的，不如感謝時情緒來得平安；上帝明確應許，感謝就會得到出人意外的平安。而平安，能讓人更準確地接住上帝賜下的恩典；急難時的恩典，往往就是奇蹟！

故事中瓊絲老太太在急難中的感謝，就為她帶來出人意外的平安！而瓊絲老太太對人死後世界的篤定，也成為她平安的緣由。

在基督教的觀念裡，人類只不過是在世寄居，天上的家才是永恆的居所。死亡，不過是回天家。可以見到過世的親人，

　　應該是歡歡喜喜的，當然沒有什麼好難過或害怕。

　　因此基督教的喪禮和一般民間喪禮，氣氛截然不同。一般喪禮充滿悲痛，笑容是不禮貌，歡喜更是禁忌；而基督教的喪禮卻沒有太多的悲傷，多一點對逝者的懷念與對天堂的盼望。

　　《聖經》〈啓示錄〉裡描述信徒將來要去的天堂世界，可以和主耶穌在一起，不啻是一件幸福的事。而且那裡不再有死亡，也不再有悲哀、哭號、疼痛，因為以前的事都過去了。（〈啓示錄〉21：4）

　　有這樣美麗的居所——天堂的家鄉在等我們，又何必怕死呢？

　　　你們要將一切的憂慮卸給上帝，因為他顧念你們。
　　　　　　　　　　　　　　　　——〈彼得前書〉五章七節
　　Cast all your anxiety on him because he cares for you.
　　　　　　　　　　　　　　　　　　　　　——1 Peter 5：7

　　　應當一無掛慮，只要凡事藉著禱告、祈求，和感謝，將你們所要的告訴上帝。上帝所賜出人意外的平安必在基督耶穌裏保守你們的心懷意念。
　　　　　　　　　　　　　　　　——〈腓立比書〉四章六、七節

Do not be anxious about anything, but in everything, by prayer and petition, with thanksgiving, present your requests to God. And the peace of God, which transcends all understanding, will guard your hearts and your minds in Christ Jesus.

——Philippians 4:6-7

在我父的家裏有許多住處；……我去原是爲你們預備地方去。……必再來接你們到我那裏去。

——〈約翰福音〉十四章二、三節

In my Father's house are many rooms, I am going there to prepare a place for you. I will come back and take you to be with me that you also may be where I am.

——John 14:2-3

討論：

1. 請分享你對人死後世界的觀點，以及對葬禮的看法。

2. 你害怕死亡嗎？你會為死亡憂愁嗎？如果不會，請分享你不懼怕、不憂愁的理由。

3. 為什麼感謝比呼求更能快速取得上帝的恩典

50

我失戀了嗎？

　　妮娜和泰德交往半年了，朋友們都認為他們倆是一對。妮娜從小就是個基督徒，泰德為了追求妮娜，也跟著她上教堂。妮娜總認為，如果兩人沒有相同的信仰，是不會有結果的。只是妮娜仍然覺得和泰德在很多事情的想法及看法上還有很大的出入，因此對泰德老是興不起熱情。

　　泰德的追求愈來愈烈，妮娜向上帝求問：「天父呀，泰德是祢賜給我的結婚對象嗎？如果是，求祢讓我對他產生熱情。如果不是，求祢也指示我道路。」

　　有一天，他們在聚會中認識了另一對年輕男女，其中伊蓮是位富家千金，父親有財有勢。

　　泰德流露出欣慕的表情，說：「伊蓮的男友何其幸運，出社會以後靠著岳父的財勢，至少可以少奮鬥十年。」

　　泰德充滿羨慕的眼神，讓妮娜覺得很不舒服，她想：「這樣的想法未免太勢利了吧！」她開始懷疑，「他是不是也因為我父親小有名氣所以才追我呢？」於是決定逐漸回絕掉泰德的追求。

但是，兩人還沒正式分手，泰德居然就公開和伊蓮約會起來，兩人同出同入，狀頗親密。原來依蓮也剛和男友分手，和泰德一拍即合。

妮娜的朋友跑來通風報信，以為妮娜被甩了，都為她打抱不平。妮娜覺得沒面子極了，又傷心又難過。

朋友見妮娜傷心難過，都鼓勵她說：「去把泰德追回來呀！憑妳的魅力，只要你肯犧牲一點，一定可以把他套住。」

妮娜忍不住偷偷哭了。她對自己的傷心也覺得十分困惑：「難道我是愛他的嗎？為什麼失去他讓我這麼難過？」

那天晚上，在傷心與挫折的淚水中，她再度跪下禱告：「天父呀！我是不是失戀了？我該把他追回來嗎？」

禱告中，天父親自擦去了妮娜的眼淚，安慰了她的心靈。隔天太陽升起，妮娜覺得心中的陰霾已去除了一大半。

妮娜決定去找一位她非常尊重與信任的教會姊妹，跟她聊一聊這件事，並問她說贊不贊成她去把男友追回來？

那位姊妹反問妮娜：「追回來的話，妳願意嫁給他嗎？」

這點，連妮娜自己也不確定。她想起泰德勢利的表情，終於搖了搖頭。

那位姊妹於是說：「那麼，何必去追？如果追得回來，你就犯了嫉妒、報復的罪；如果追不回來，妳才真正失戀了。」

妮娜豁然開朗，這下她完全放下了。

她說：「是上帝透過這位姊妹向我說話，指示我的道路。」正如她之前向上帝禱告一樣，上帝用最簡捷的方式回應了她。

才沒多久，妮娜在教會就遇到了大衛，一個愛主的年輕人。他們開始約會，在甜蜜的戀愛中，步入結婚禮堂。

妮娜做見證說：「上帝要把適合我的丈夫賜給我，當然，祂先要把不適合的除去。祂的方式真是太有效率了！」

分　享

朋友！有共同信仰的婚姻才是蒙祝福的婚姻。

在婚姻交友的路上，我們常會遇到疑惑，但是若能與上帝同行，必能嘗到一段奇妙而甜蜜的經歷。

妮娜的故事是一個真實的故事，也是許多基督徒婚友的典型故事。其中，讓我們學習到幾個重要的功課：

● 信心——就是要相信「上帝一定會把最適合我的人賜給我！」、「上帝賜給我的必然是對我最好的」。有信心，就不會患得患失。

● 交託——把所有的負面情緒藉著禱告向上帝傾訴，必能得到奇妙的安慰。肯交託，就不致擔心憂慮。

● 順服——凡事不強求，雖然目前看起來像是失去，其實卻是上帝在為將來的美好鋪路。能順服，就必蒙福。

被甩、被拋棄的感覺是很令人挫折的，即使對方不見得是適合自己的對象。傷心難過是必然的，也是可以理解的正常反應。但如果縱容自己的情緒，採取報復手段，吃虧的還是自己。贏回一個自己並不喜歡的對象，那戰利品也只不過是個包袱而已。

幸福美滿的婚姻是上帝撮合的婚姻，對象也是上帝所配合的。離了上帝，在這個男女關係混亂的世代，無論婚姻或愛情，都沒有保障。

「我的真命天子或天女在哪裡？」婚姻大事，應該藉著禱告求問上帝，並耐心地等待祂的回答。相信與順服，依然是最重要的兩個原則。

願有情人終能在上帝的祝福下共同承受生命之恩！

人要離開父母，與妻子連合，二人成爲一體。既然如此，夫妻不再是兩個人，乃是一體的了。所以，上帝配合的，人不可分開。

——〈馬太福音〉十九章五、六節

A man will leave his father and mother and be united to his wife, and the two will become one flesh. So they are no longer two, but one. Therefore what God has joined together, let man not separate.

——Mathew 19：5-6

你們和不信的原不相配，不要同負一軛。義和不義有甚麼相交呢？光明和黑暗有甚麼相通呢？

——〈哥林多後書〉六章十四節

Do not be yoked together with unbelievers. For what do righteousness and wickedness have in common? Or what fellowship can light have with darkness?

——2 Corinthians 6：14

我屬我的良人，他也戀慕我。

——〈雅歌書〉七章十節

I belong to my lover, and his desire is for me.

——Song of Songs 7：10

討論：

1. 你失戀過嗎？試分享失戀的滋味，以及你如何從其中復原。

2. 我的真命天子或天女在哪裡？如何求問上帝？

3. 你曾為戀情患得患失嗎？你相信上帝一定會把最適合你的對象賜給你嗎？

巴西的耶穌聖像

在巴西里約熱內盧的柯柯瓦多山腳，有一家小蛋糕店，蛋糕師父史東手藝一流。他剛做完聖誕節的精美糕點。

他從窗子望出去，就是柯柯瓦多山頂那一尊耶穌聖像。南半球的聖誕節並沒有白雪，晴朗的天空與蔚藍的海水，襯托了救世主白色的聖像，多麼高貴與尊榮。

史東對著耶穌聖像輕輕地說：「今天是祢的生日呢！瞧我為祢做的冰淇淋蛋糕，祢還滿意嗎？」

他今天在蛋糕上特別加了一個糖衣做的小小馬槽，馬槽裡躺著一個小小的嬰孩，馬槽四周則點綴上靄靄白雪。他說：「我們這裡沒有下雪，兩千年前祢如果是在我們這裡出生，一定會喜歡我為祢特製的冰淇淋蛋糕。」

他一邊把蛋糕收進冰櫃，一邊喃喃自語：「瞧我笨的，主耶穌怎麼可能會要我的蛋糕呢？」

夜深了，史東上床就寢。睡夢中，他看到柯柯瓦多山的主耶穌走了下來，對他說：「史東！史東！你有蛋糕要

送給我嗎？謝謝你！我明天到你店裡去拿。」

史東一早醒來，想到他的夢，就立刻把蛋糕店好好打掃乾淨，並放上好聽的聖誕音樂，準備迎接主耶穌到訪。

一大早，耶穌應該還沒起床，倒是有一個拄著柺杖的瘸腿乞丐經過。史東招呼乞丐進來，請他享用了香噴噴的咖啡及蛋糕，還特別多裝了一袋讓他帶回去當糧食。

等了一天，耶穌都沒有出現。到了傍晚，有一個修女帶著孤兒院的院童走過，院童望著蛋糕店的櫥窗，個個垂涎欲滴。但是修女卻在一旁不斷催促，說：「我們吃不起冰淇淋蛋糕的，快走吧！」

史東邀請她們進來，開了好幾盒冰淇淋請她們吃，並且把那個準備送給耶穌的大冰淇淋蛋糕打包好，讓她們帶回孤兒院當聖誕禮物。院童驚呼起來：「我們碰到聖誕老公公了！」然後興高采烈地走了。

又到了夜深時分，史東瞧著窗外主耶穌的聖像，自己笑了起來：「我多傻呀！祂不會真的下來的，昨晚那只不過是一個夢罷了。」

然而，就在他的睡夢中，耶穌再度從柯柯瓦多山走下來，微笑地對他說：「史東！史東！謝謝你今天送給我的禮物，我非常高興享用。」

史東忙說：「對不起！對不起！我看祢沒有來，就把

那冰淇淋蛋糕送給孤兒院了。」

主耶穌慈祥地說：「不！大清早的乞丐是我，傍晚的修女與院童也是我！怎麼說我沒去呢？我餓了，你給我吃；我渴了，你給我喝；你已經接待我了呀！我是特別來謝謝你的。」

史東快樂極了！主耶穌的微笑與致謝，多麼令他光榮與快樂啊！朦朧中，主耶穌向他揮揮手，又走回山頂，繼續俯視著熙熙攘攘的人間。

分　享

朋友！幫耶穌散佈愛與憐憫，你心中將得到難以形容的光榮與快樂！耶穌的特質就是愛與憐憫；祂愛世人，關懷孤苦，憐憫軟弱！

耶穌要我們學祂的樣式，行出愛與憐憫的人生。但祂並沒有要求每個人都轟轟烈烈，像德雷莎修女那樣到印度服務窮人，或像聖徒保羅到各地傳福音甚至殉道。

祂沒有要我們走遍天涯海角去照顧孤苦，相反的，只要我們照顧身邊困苦的人，就夠了！祂自然會把祂要我們幫助的人

帶到我們身邊。祂說：「做在我這弟兄中最小的人身上，就是做在我身上。」(〈馬太福音〉25：40)

　　祂也沒有要我們傾家蕩產去行善，相反的，只要我們就手邊所有的去行善，就夠了！祂自然會讓我們手邊充裕，可以源源不斷地給。祂說：「要照他所有的，不是照他所無的。」(〈哥林多後書〉8：12)

　　耶穌憐憫孤苦，救援窮困，不管用何種方式，只要有一顆願作的心，有錢出錢，有力出力，都能得祂的喜悅！祂說：「因為我餓了，你們給我吃，渴了，你們給我喝；我作客旅，你們留我住；我赤身露體，你們給我穿；我病了，你們看顧我；我在監裏，你們來看我。」(〈馬太福音〉25：35-36)只要願意這樣幫助別人，都蒙祂喜悅。

　　而且只要向祂表示願意付出，祂就會不斷地賜福。因祂知道，當我們有，就會付出；沒有，就給不了。因此祂必讓我們豐富充足，使我們歡歡喜喜地給，幫祂救助那些需要的人。

　　上帝也獎賞行善的人，除了不斷賜福，讓他們善有善報，還會把不可言喻的快樂放在施予的人心裡。這種快樂，絕對事是金錢與物質換不到的。

　　朋友！你嘗過這種快樂嗎？你願意嘗試嗎？

我實在告訴你們，這些事你們既做在我這弟兄中一個最小的身上，就是做在我身上了。

——〈馬太福音〉二十五章四十節

I tell you the truth, whatever you did for one of the least of these brothers of mine, you did for me.

——Mathew25：40

因為人若有願作的心，必蒙悅納，乃是照他所有的，並不是照他所無的。

——〈哥林多後書〉八章十二節

For if the willingness is there, the gift is acceptable according to what one has, not according to what he does not have.

——2 Corinthians 8：12

我凡事給你們作榜樣，叫你們知道應當這樣勞苦，扶助軟弱的人，又當記念主耶穌的話，說：「施比受更為有福。」

——〈使徒行傳〉二十章三十五節

In everything I did, I showed you that by this kind of hard work we must help the weak, remembering the words the Lord Jesus himself said：'It is more blessed to give than to receive.'

——Acts 20：35

討論：

1. 環顧你的四周，哪些人是上帝擺在你身邊要你幫助的？

2. 你可以如何付出來幫助你身邊需要幫助的人？

3. 你嘗過行善之後那種快樂嗎？

平安夜

〈平安夜，聖善夜〉是一首家喻戶曉的聖誕歌曲，流傳了一百九十年，仍然是全世界各國歡度聖誕節時不可缺少的詩歌。

西元一八一八年的聖誕節，奧地利聖尼古拉教堂年方二十五歲的年輕神父穆約瑟（Joseph Mohr），帶著他所寫的一首讚美詩，在寒冬的雪地裡走了二十分鐘，去找教會的風琴手，也是學校教師的法蘭古柏（Franz Gruber），請他譜曲，讓這位酷愛吉他的年輕神父能夠在聖誕子夜，以吉他伴奏的方式唱出聖誕讚美詩歌。當晚，這首膾炙人口的歌曲就在兩人的合作下誕生了。這首歌逐漸成為世人對聖誕夜的記憶，聖誕夜因此也被廣稱為平安夜。

第一次世界大戰的平安夜，發生了一件不可思議的奇蹟。廝殺了半年、激戰不休的英軍及德軍，居然出現了令人訝異的自動停火。這次短暫的和平，成為後世津津樂道的佳話。

西元一九一四年七月，第一次世界大戰爆發，雙方死

傷慘烈。西線戰場上德軍和英軍在比利時的伊玻爾（Ypres）地方開戰，兩軍戰線長達二十七哩，各自佔據了壕溝對峙。而雙方壕溝之間的無人地帶並不寬敞，只有五十至七十碼，可說是短兵相接。

聖誕節近了，兩軍各自接獲後方送來的許多聖誕禮物，過節的氣氛感染了前線。聖誕夜那天，一反平日的陰濕寒冷，天氣出奇的好，德軍先在戰壕內外佈置起聖誕樹及聖誕裝飾，並在入夜時分點起了蠟燭，唱起了聖誕歌曲。

當平安夜的歌聲響起，戰壕的德軍開始唱和，唱的是德文。歌聲由小而大，由一小撮人到人人跟著唱。而英軍就在不遠的對面，不但看到了德軍戰壕燈火通明，也聽到了從對方傳來的聖誕歌聲。於是英軍也跟著用英文唱出聖誕歌曲，與德軍唱和。

在相互感染的歌聲中，雙方暫時忘卻了白天的敵對。德軍先送過來巧克力蛋糕和要求停火的紙條，英軍很快地就回應了。兩軍士兵於是展開了為期兩天的停火協定。雙方彼此交換禮物，也到對方的戰壕裡聊天、抽雪茄，並互相交換姓名地址。前一天的敵人變成了平安夜的朋友。

第二天聖誕節，大家仍延續前晚友好的氣氛，又唱起歌來，後來乾脆組隊踢足球，就在兩軍戰壕間的無人地帶

舉行。根據一封當時英軍一名醫療隊的少校軍官寄回家的書信，這場足球賽結果是德軍以三比二贏了英軍。

停戰之日，英德雙方還共同為之前戰死在戰壕中間無人地帶的同伴們舉行了喪禮，將他們一起埋葬。並一起吟誦〈詩篇〉二十三篇著名的一段：「耶和華是我的牧者，我必不致缺乏。」

如此的停火氣氛傳染到戰線其他地方，大家群起仿效，停火由聖誕夜延續到聖誕節，有些戰線還延續到過年。

當坐落於後方指揮站裡的軍官們得知前線停火的消息後，無不震怒。前線士兵未經指揮官同意就擅作決定自動停火，簡直太沒有紀律了！兩軍指揮部各自下達了禁止停火的禁令，且嚴格警告不得再發生。由於覺得有損軍威，甚至封鎖消息，兩軍都認為戰場上休假簡直是其恥大辱！

這段人類戰史上空前絕後的停戰佳話，因此在當時並沒有被大肆報導，僅在教會中由傳教士代代相傳。直到幾十年之後，才逐漸有人將這段動人的故事揭露。現在比利時伊玻爾這個地方，還可以找到一個十字架放在戰壕區，以示紀念。而法國導演卡瑞恩並在二○○五年將這段停戰奇蹟拍成電影〈近距交戰〉（Joyeux Noel），入圍奧斯卡金像獎「最佳外語片」，廣受觀眾喜愛。

分　享

　　朋友！耶穌基督的記號是「平安」（Peace），也就是和平之意。耶穌誕生之夜就是平安夜，信徒彼此的問候就是互道平安！

　　基督徒彼此問候：「你平安嗎？」就如一般人問候：「你好嗎？」一樣。聖經中就有一段明顯的敘述：「你跑去迎接她，問她説：『你平安嗎？你丈夫平安嗎？孩子平安嗎？』她説：『平安。』」（〈列王記下〉4:26）

　　〈平安夜〉這首聖歌流傳世間快兩百年，歷久不衰，傳達了基督所代表的平安與和平的信息。「平安夜，聖善夜，萬暗中，光華射。照著聖母，也照著聖嬰。多少慈祥，也多少天真；靜享天賜安眠！」在吟唱中，歌者就可以感受到耶穌基督所散發的平安氣氛與和平的光芒。

　　而一九一四年平安夜西歐戰場上的停戰奇蹟，也代表了世人對和平的嚮往，説明了這個世代對帶來平安的救世主的渴望。

　　遠古的舊約聖經時代，上帝就賜平安給祂揀選的民；祂所賜的平安，就是人類莫大的福分。祂説：「我要賜平安在你們的地上；你們躺臥，無人驚嚇。我要叫惡獸從你們的地上息

滅；刀劍也必不經過你們的地。」（〈利未記〉26:6）而祂的子民也獻「平安祭」給祂，由祭司負責司獻：「一隻沒有殘疾的公綿羊作平安祭。」（〈民數記〉6：14）

基督教以耶穌基督為救世主，耶穌的誕生，開啓了新約的時代。祂在十字架上的犧牲，讓世人與上帝和好，可以重新天人合一，為人類帶來和平。

聖經將耶穌擔任和平使者的角色描述得十分清楚：「藉著兒子，上帝決定使全宇宙再跟自己和好。上帝藉著祂兒子死在十字架上成就了和平，使天地萬有再歸屬他。」（〈歌羅西書〉1：20）

其實，古早的先知以賽亞就已預言了耶穌這個和平使者的角色：「有一嬰孩為我們而生；有一子賜給我們。政權必擔在他的肩頭上；他名稱為『奇妙策士、全能的　神、永在的父、和平的君（Prince of Peace）。』」（〈以賽亞書〉9：6）。

所以耶穌又被稱為「和平之子」，祂所到之處，象徵著和平；祂不喜戰爭，解決問題的方法，也是用和平的方法。

事實上在耶穌降生的聖誕夜，就已為這個世界帶來了平安。那夜，有天使出來向野地的牧羊人報佳音，並讚美上帝：「在至高之處榮耀歸與上帝！在地上平安歸與祂所喜悅的人。」（〈路加福音〉2：14）亦即耶穌的誕生讓天上的上帝得了榮耀，因此賜下平安給地上的信徒。只要是上帝所喜悅的人，上

帝就賜與平安！這就是記號。

　　耶穌被釘十字架，三天之後從死裡復活，向門徒顯現，祂說：「願你們平安！Peace be with you！」(〈約翰福音〉20：19)這對信徒而言，主耶穌的同在就必有平安，平安就是主耶穌同在的記號。而祂正是賜平安的主！隨時隨事親自給信徒平安！(〈帖撒羅尼迦後書〉3：16)

　　根據這個原則，平安也代表了上帝對信徒禱告的回應。凡信徒向上帝禱告祈求，就會接獲來自上帝的回應與指示。但如何區別到底是不是來自上帝的回應呢？這就要靠「平安」來做區別。

　　只要是出於上帝的意思，信徒就可以感受到一股平安，這也是上帝給信徒的記號，證明上帝的同在。

　　和平，在這個好戰的世界，多麼難求！而平安，對紛亂的人心，又是何等的福分！

因有一嬰孩爲我們而生；有一子賜給我們。政權必擔在他的肩頭上；他名稱爲「奇妙策士、全能的　神、永在的父、和平的君」。

—〈以賽亞書〉九章六節

For to us a child is born, to us a son is given, and the government will be on his shoulders. And he will be called Wonderful Counselor, Mighty God, Everlasting Father, Prince of Peace.

—Isaiah 9：6

我留下平安給你們；我將我的平安賜給你們。我所賜的，不像世人所賜的。你們心裏不要憂愁，也不要膽怯。

—〈約翰福音〉十四章二十七節

Peace I leave with you; my peace I give you. I do not give to you as the world gives. Do not let your hearts be troubled and do not be afraid.

—John14：27

在至高之處榮耀歸與上帝！在地上平安歸與他所喜悦的人！

—〈路加福音〉二章十四節

Glory to God in the highest, and on earth peace to men on whom his favor rests.

——Luke 2：14

 討論：

1. 請說明並分享平安的感覺，以及如何可以獲得平安的感覺呢？
2. 你是否經歷過上帝以平安來回應你的禱告？
3. 請分享你對戰爭與和平的看法。

國家圖書館出版品預行編目資料

抉擇的智慧：扭轉人生的52篇心靈故事 / 蘇拾瑩著. -- 初版.
-- 臺北市：啓示出版：家庭傳媒城邦分公司發行, 2008.02
面；　公分. -- (智慧書：4)

ISBN 978-986-7470-35-5(平裝)

1. 修身　2.生活指導

192.1　　　　　　　　　　　　　　　　　　97002152

智慧書 04

抉擇的智慧——扭轉人生的52篇心靈故事

作　　　　者／蘇拾瑩
總　編　輯／彭之琬
責 任 編 輯／黃美娟

發　行　人／何飛鵬
法 律 顧 問／台英國際商務法律事務所　羅明通律師
出　　　版／啓示出版
　　　　　　台北市104民生東路二段141號9樓
　　　　　　電話：(02) 25007008　傳眞：(02)25007759
　　　　　　E-mail：ap_press@hmg.com.tw
發　　　行／英屬蓋曼群島商家庭傳媒股份有限公司城邦分公司
　　　　　　台北市中山區民生東路二段141號2樓
　　　　　　書虫客服服務專線：02-25007718．02-25007719
　　　　　　24小時傳眞服務：02-25001990．02-25001991
　　　　　　服務時間：週一至週五09:30-12:00．13:30-17:00
　　　　　　郵撥帳號：19863813　戶名：書虫股份有限公司
　　　　　　讀者服務信箱E-mail：service@readingclub.com.tw
　　　　　　歡迎光臨城邦讀書花園 網址：www.cite.com.tw
香 港 發 行 所／城邦（香港）出版集團有限公司
　　　　　　香港灣仔軒尼詩道235號3樓 Email：hkcite@biznetvigator.com
　　　　　　電話：(852) 25086231　傳眞：(852) 25789337
馬 新 發 行 所／城邦(馬新)出版集團 Cite (M) Sdn. Bhd. (458372 U)
　　　　　　11, Jalan 30D/146, Desa Tasik, Sungai Besi,57000
　　　　　　Kuala Lumpur, Malaysia.
　　　　　　電話：(603)9056 3833　傳眞：(603) 9056 2833

封 面 設 計／斐類設計工作室
排　　　版／極翔企業有限公司
印　　　刷／韋懋印刷事業有限公司
總　經　銷／農學社　電話：(02)29178022　傳眞：(02)29156275

■2007年2月初版
■2019年10月9日初版5刷　　　　　　　　　　Printed in Taiwan

定價 250元

城邦讀書花園
www.cite.com.tw